BRUCE LEES KAMPFSTIL 1

BRUCE LEES KAMPFSTIL 1

Grundtechniken

FALKEN

Allen Freunden und Schülern von Bruce Lee gewidmet

Sie finden uns im Internet: **www.falken.de**

Unser Beitrag zum Umweltschutz:
Papier aus chlorfrei gebleichtem Zellstoff

ISBN 3 8068 0473 7

Reihengestaltung: Zembsch' Werkstatt, München
Fotos: Joe Bodner, Olliver Pang
Mitwirkung: Dan Inosanto, Ted Wong
Übersetzung: Hans-Jürgen Hesse
Nachauflagenredaktion: Markus Hederer

Gesamtherstellung: Neuwieder Verlagsgesellschaft mbH, Neuwied

04047379X252 423

Inhalt

Einleitung

Das vorliegende Buch basiert im wesentlichen auf Entwürfen und Ideen aus dem Jahr 1966, und auch die meisten Fotos stammen aus dieser Zeit. Der verstorbene Bruce Lee wollte es damals veröffentlichen, nahm aber davon Abstand, als er erfuhr, daß viele Kampfsportlehrer seinen Namen als Werbeargument mißbrauchten. Aussprüche wie »ich war Bruce Lees Lehrer« oder »Bruce Lee hat mir Jeet Kune Do beigebracht« hörte man häufig, und dabei waren die Betreffenden Bruce Lee nicht einmal vom Sehen her bekannt. Bruce Lee widerstrebte es, seinen Namen als Aushängeschild für beliebige Lehrer oder in ihre Schulen herzugeben. Auf diese Weise sollten Schüler, besonders im jugendlichen Alter, nicht an den Kampfsport herangeführt werden.
Nach seinem Tod jedoch vertrat seine Witwe Linda die Auffassung, Bruce Lees Beitrag zur Weiterentwicklung der Kampfkünste sei zu umfassend, um mit ihm zu sterben, sein Wissen nicht weiterzugeben sei ein großer Verlust. Obwohl dieses Buch kein Ersatz für Bruce Lee als Lehrmeister ist und sein Wissen und seine Erkenntnisse nur bruchstückhaft wiedergeben kann, wird jeder Kampfkünstler, der die Vollendung seiner Fähigkeiten und Techniken ernst nimmt, davon profitieren.

Es war Bruce Lees Überzeugung, daß alle Kampfsportler bei ihrem fleißigen Training nur das eine Ziel verfolgen – sich zu verteidigen. Das trifft gleichermaßen auf Judo, Karate, Aikido oder Kung Fu zu; es gilt für jede mögliche Situation bereit zu sein.
Um dieses Ziel zu erreichen ist ein ernsthaftes Üben notwendig. Nichts geschieht von allein. Bruce sagte immer: »Jeder Schlag und jeder Tritt selbst gegen einen Sandsack muß mit konzentrierter Anstrengung geführt werden. Wenn man nicht mit dem Gedanken trainiert, es sei der Ernstfall, betrügt man sich selbst. Bei der Übung von Schlägen und Tritten gegen einen Sandsack muß man sich vorstellen, der Gegner würde getroffen. Nur durch völlige Konzentration, durch hundertprozentigen Einsatz bei jedem Tritt und Stoß, wird man wahrhaft gut.«
Dieses Buch erläutert Bruce Lees Kampfstil, seine Trainingsmethoden, mit denen er Kraft und Schnelligkeit, seine präzise Beinarbeit und andere Techniken entwickelte. Weitere Hinweise sind in Bruce Lees »Jeet Kune Do«, erschienen im gleichen Verlag zu finden.

Grundübungen

Ausdauertraining

Viele Kampfsportler vernachlässigen ein wichtiges Element ihres Trainings, nämlich ihren Körper durchzuarbeiten. Zuviel Zeit wird für die Beherrschung von Techniken aufgewendet, zu wenig für die allgemeine Körperschule.
Es ist wichtig, die kämpferischen Fähigkeiten auszubilden, ebenso aber eine vorzügliche Kondition, denn beides zusammen erst garantiert Erfolg beim tatsächlichen Kampf. Training bedeutet, den Geist beherrschen zu lernen, Kraft zu entwickeln und den Körper zu ausdauernder Leistung zu bringen.
Zum richtigen Trainieren gehört, den Körper aufzubauen und Einflüsse und Mittel zu vermeiden, die ihm schaden.
Bruce Lee lebte sehr gesundheitsbewußt. Er trainierte jeden Tag und ernährte sich richtig. Er trank Tee, rührte aber Kaffee nicht an, sondern trank statt dessen normalerweise Milch. Er hielt sich streng an seinen Übungsplan und ließ sich auch durch seine Arbeit nicht davon abbringen. Selbst als er mit dem Auftrag nach Indien fuhr, geeignete Orte für Außenaufnahmen eines Films zu erkunden, nahm er seine Laufschuhe mit.
Bruce Lees tägliches Trainingspensum bestand aus Ausdauerübungen und anderen Übungen, mit denen er seine kämpferischen Fähigkeiten weiterentwickelte. Dabei variierte er die Übungen, damit sie nicht langweilig wurden. Besonders gern machte er jeden Tag einen 6,5 km langen Dauerlauf, und zwar in 24 bis 25 Minuten. Dabei wechselte er mehrmals das Tempo, legte nach einigen Kilometern gleichmäßig ausholender Schritte kurze Sprintstrecken ein, und verfiel dann wieder in seinen lockeren Trab. Bei den einzelnen Tempowechseln übte er seine Beinarbeit. Bruce war es egal, wo er rannte, am Strand, in Parks oder im Wald, auf hügeligen Strecken oder auf Asphaltstraßen.
Neben dem Dauerlauf trainierte er auch mit einem Fahrrad-Heimtrainer, um Ausdauer, Beine und Herzmuskeln zu entwickeln. Er fuhr fast immer mit Höchstgeschwindigkeit – 55 bis 65 Stundenkilometer konstant 45 bis 60 Minuten lang, oft direkt im Anschluß an seine Laufübungen.
Eine weitere sehr empfehlenswerte Ausdauerübung im Trainingsprogramm von Bruce Lee war das Seilspringen. Dabei werden nicht nur die Ausdauer und die Beinmuskeln entwickelt, sondern die Kondition ganz allgemein; man wird »leichtfüßig«.
Erst kürzlich fanden Physiologen durch verschiedene Tests heraus, daß das Seilspringen fast noch besser wirkt als das Laufen (Jogging). Zehn Minuten Seilspringen entsprechen 30 Minuten Trimm-Trab. Beide Übungen fördern Herz, Kreislauf und Atmung.
Das richtige Seilspringen eignet sich auch besonders, um ein gutes Gleichgewichtsgefühl zu entwickeln. Zuerst springt man auf einem Bein und hält das andere vor sich; dann werden die Beine gewechselt, so daß man schließlich bei jeder Umdrehung des Seils auf das andere Bein hüpft, wobei das Tempo allmählich gesteigert wird. Dabei sollte die Armbewegung möglichst klein gehalten werden; das Seil wird aus dem Handgelenk heraus geschwungen. Die Füße werden nur ganz leicht vom Boden abgehoben, gerade genug, um

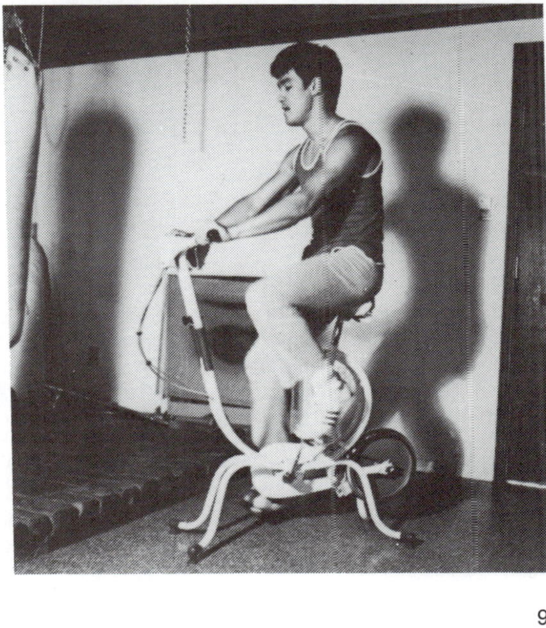

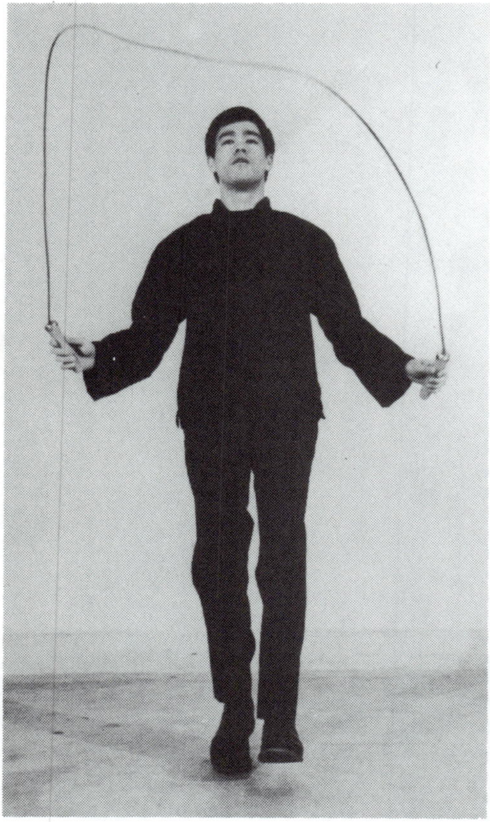
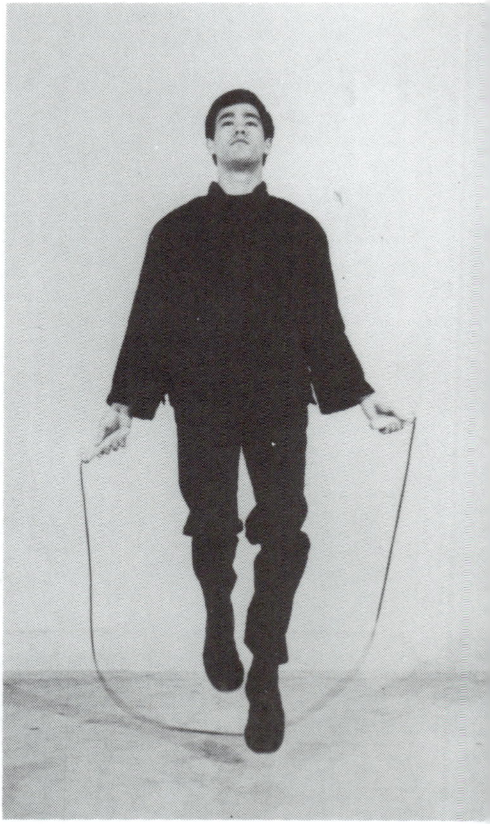

das Seil durchzulassen. Auf drei Minuten Seilspringen (entsprechend einer Runde im Boxen) folgt eine Pause von einer Minute, bevor man die nächste Runde beginnt. Drei solche Runden reichen für ein gutes Training aus. Wenn man dann seine Leistungsfähigkeit beim Seilspringen gesteigert hat, kann man die Ruhepause auslassen und diese Übung ohne Unterbrechung bis zu 30 Minuten lang ausführen. Hierzu nimmt man am besten ein Seil aus Leder mit Kugellagern am Griff.
Zusätzliche Ausdauerübungen sind Schattenboxen und Sparring (Trainingskampf mit einem Partner). Das Schattenboxen eignet sich gut zur Entwicklung von Behendigkeit und Schnelligkeit. Man entspannt den Körper und bewegt sich leicht und geschmeidig, konzentriert sich zuerst auf die richtige Form und bewegt sich leichtfüßig, bis die Bewegungen immer natürlicher und flüssiger werden – dann erst Tempo und Intensität steigern. Es ist

günstig, das Kampftraining mit Schattenboxen zu beginnen, um damit die Muskeln aufzulockern. Dabei sollte man sich immer vorstellen, daß der schlimmste Feind vor einem steht und man ihm tüchtig »einheizt«. Wenn man dabei seine Vorstellungskraft sehr intensiv einsetzt, kann man sich auf diese Weise beinahe in eine richtige Kampfstimmung bringen. Neben der Ausdauer erhöht das Schattenboxen die Schnelligkeit, beflügelt die Fantasie und läßt Techniken in Fleisch und Blut übergehen, die dann im Bedarfsfall spontan und intuitiv eingesetzt werden können. Durch mehrere Runden Schattenboxen läßt sich auch ausgezeichnet richtige Beinarbeit üben.
Viele Anfänger sind zu faul, sich voll einzusetzen. Ausdauer erlangt man jedoch nur durch ein hartes und beständiges Training. Maß muß sich bis zur Erschöpfung antreiben – »außer Atem« und ohne Rücksicht auf den Muskelkater am nächsten Tag. Am besten wird die Ausdauer im Intervalltraining geschult, einer längeren Übungsperiode von vielen kurzen, jedoch hochintensiven und anstrengenden Einzelübungen unterbrochen. Das Konditionstraining sollte nur allmählich und vorsichtig gesteigert werden. Für jede Sportart, die höhere Ausdauerleistungen erforderlich macht, ist ein sechswöchiges Training die unterste Grenze.
Es dauert Jahre, um in Spitzenform zu kommen, die man allerdings schnell einbüßt, wenn das entsprechende Übungsprogramm unterbrochen wird. Nach Ansicht von Sportmedizinern läßt die Kondition bereits teilweise nach, wenn man ein paar Tage Trainingspause macht.

Aufwärmen

Zum Aufwärmen sollte man einfache und leichte Übungen wählen, um die Muskeln zu lokkern und sie so für die anstrengenderen Übungsteile vorzubereiten. Neben der Leistungssteigerung sind Aufwärmübungen auch notwendig, um die Muskeln vor Verletzungen zu schützen. Kein richtiger Sportler wird Arme oder Beine kraftvoll einsetzen, ohne sie zuvor richtig und sorgfältig aufgewärmt zu haben. Die leichten Vorübungen sollten aber möglichst den folgenden, anstrengenderen Bewegungen ähneln.
Wie lange sollte man sich aufwärmen? Das hängt von verschiedenen Aspekten ab. In einer kälteren Gegend oder beim Training im Winter muß man sich länger aufwärmen als unter wärmeren Klimabedingungen. Ebenso wird man sich früh am Morgen länger aufwärmen als spät am Nachmittag. Im allgemeinen sind fünf bis zehn Minuten ausreichend, aber manche Sportler brauchen eine wesentlich längere Aufwärmzeit. So verbringt ein Ballettänzer mindestens zwei Stunden mit Aufwärmübungen. Er beginnt mit den Grundübungen und steigert allmählich Kraftaufwand und Intensität, bis er für seinen Auftritt vorbereitet ist.

Beweglichkeitstraining

Bruce Lee wußte, daß bestimmte Übungen besonders für die Erzielung höherer Leistungen nützlich sind, andere dagegen die Leistungen behindern oder sogar verschlechtern. Er fand heraus, daß nur diejenigen Übungen positiv wirken, bei denen in den Muskeln keine antagonistische Spannung (Antagonist: Muskel, der der Richtung und Aktion des gerade handelnden Muskels entgegengesetzt wirkt) erzeugt wird.
Die Muskeln reagieren auf verschiedene Übungen unterschiedlich. Bei statischen oder langsamen Übungen wie Handstand oder das Gewichtheben, arbeiten die Muskeln auf beiden Seiten des Gelenks sehr stark, um den Körper in die gewünschte Position zu bringen und ihn dort zu halten. Bei schnellen Bewegungen wie beim Rennen, Springen oder Werfen ziehen sich die das Gelenk umschließenden Muskeln zusammen, während sich die entsprechenden Gegenmuskeln ausdehnen, um somit die Bewegung zu ermöglichen. Obwohl in beiden Muskeln noch Spannung vorhanden ist, wird diese jedoch in den gedehnten Muskeln beträchtlich herabgesetzt.
Ist bei den sich verlängernden Muskeln aber eine übermäßige oder entgegenwirkende Spannung vorhanden, werden die Bewegungen behindert oder abgeschwächt. Diese Spannung wirkt wie eine Bremse und führt zu vorzeitiger Ermüdung; sie zu überwinden kostet Anstrengung – es müssen Muskelgruppen aktiviert werden. Ein gut koordinierter Sportler mit Naturtalent kann leicht in jeder Sportart seinen Mann stehen, da er sich mit einem geringen Maß an antagonistischer Spannung bewegt. Dagegen bewegt sich ein Anfänger zu angestrengt mit übertriebenem Einsatz und verbraucht sehr viel Bewegungsenergie. Obwohl die Koordinationsfähigkeit bei manchen bereits von Natur aus stärker

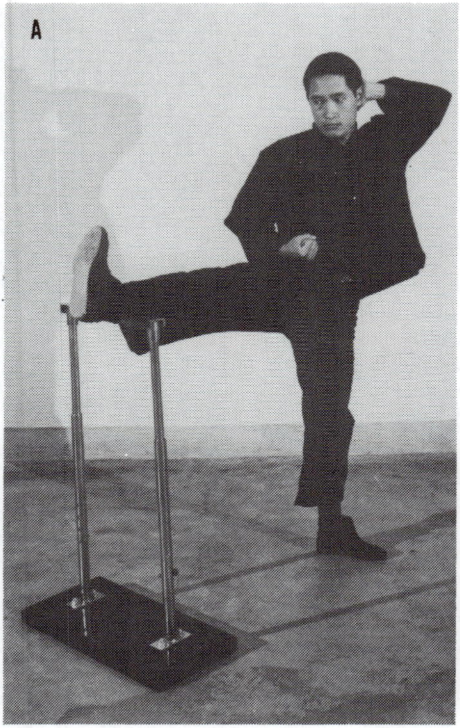

ausgeprägt ist als bei anderen, kann sie doch von allen gleichermaßen durch intensives Training verbessert werden.
Im folgenden werden einige Übungen gezeigt, die man leicht in das tägliche Training einbauen kann. Man legt einen Fuß zur Steigerung der Flexibilität auf einen Querbalken oder auf ein Spezial-Trainingsgerät, wie in den Abb. A, B, und C gezeigt, und hält das Bein horizontal zum Boden, je nach der eigenen Beweglichkeit kann es auch höher oder tiefer gehalten werden.
Als Anfänger sollte man dabei keine anstrengenden Übungen versuchen.
Nachdem man den Fuß aufgelegt hat, werden die Zehen zum Körper hin bewegt; das Knie bleibt durchgedrückt wie in Photo A gezeigt.
Nach ein paar Minuten wechselt man den Fuß. Wenn dann die Beinmuskeln nach ein paar Tagen geschmeidiger geworden sind, kann man zur nächsten Stufe weitergehen, die in Abb. B gezeigt wird. Hierbei drückt man das Knie mit der Hand nach unten, um das Bein gestreckt zu halten, und lehnt sich aus der Hüfte so weit wie möglich nach vorne, ohne aber dabei die Muskeln zu überanstrengen. Anschließend kann die in Abb. C gezeigte

Übung folgen. Die Hand wird bei ausgestrecktem Bein nach unten gestoßen. Beim Weiterüben stellt man fest, daß man sich dabei auch gleichzeitig weiter nach vorne lehnt und somit eine größere Belastung auf die Beinmuskulatur ausübt. Irgendwann ist man dann soweit, daß man mit den Fingern die Zehen berühren kann, wie in Abb. D dargestellt. Schließlich gelingt es nach mehrmonatigem Üben vielleicht, den Fuß voll mit der Hand zu umfassen, wie in Abb. E, sogar wenn die Auflage noch höher liegt.

Andere Beweglichkeitsübungen für die Beine sind das Beinspreizen und das hängende Beinheben, das in Abb. F dargestellt ist. Dazu benötigt man ein über eine Rolle laufendes Seil. Der Fuß wird in eine Schlaufe gesteckt. Dann zieht man das Seil mit der Hand bis zum äußersten Punkt, an dem das Bein ohne Schmerzen und Verletzungsgefahr gerade noch gehoben werden kann. Dabei sollte das Bein seitlich gespreizt gestreckt bleiben. Diese Übung ist für die Ausführung von hohen Seitwärtsfußtritten sehr nützlich. Bei all diesen Übungen wechselt man immer das Standbein.

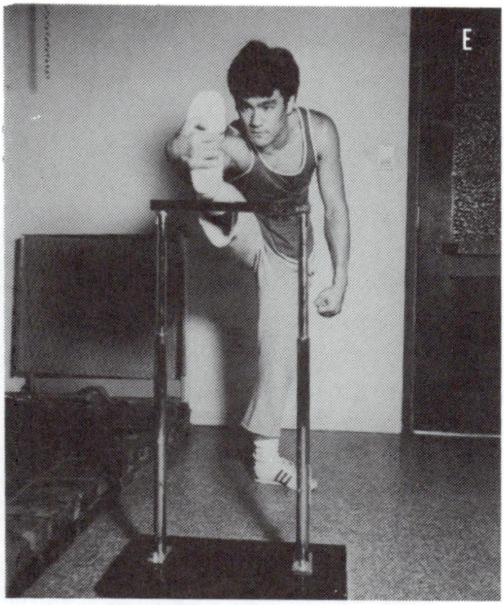
E

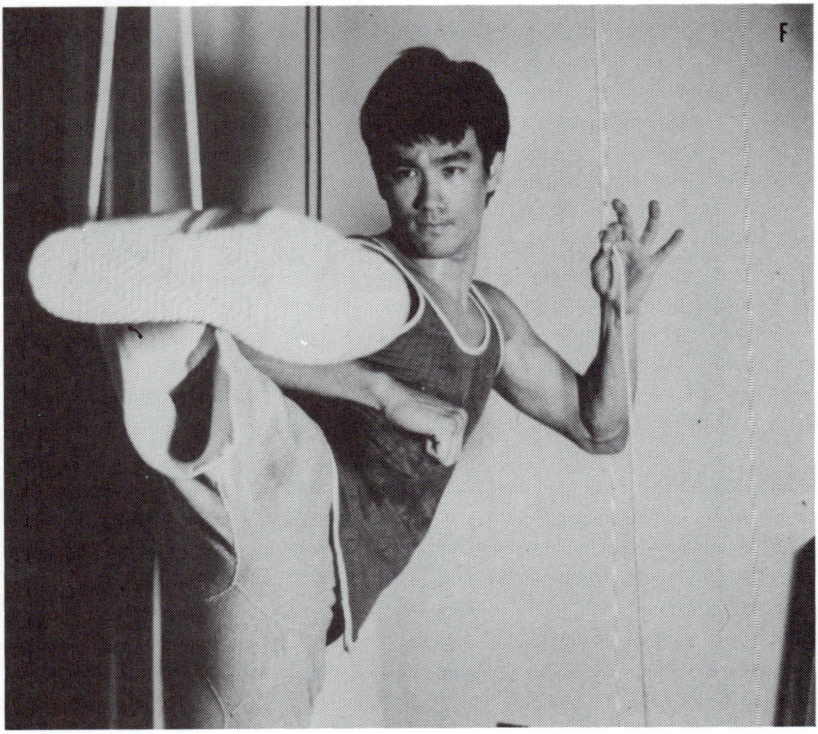
F

G

H

I

J

Fortgeschrittene Schüler, die sehr hohe Fußtechniken bevorzugen, können zu Übungen mit dem Trampolin übergehen. In Abb. G sieht man Bruce Lee wie er mit zwei leichten Hanteln Trampolin springt, um gleichzeitig sein Gleichgewichtsgefühl und die Sprungkraft seiner Beine zu entwickeln. Sobald man gelernt hat, sich auf dem Trampolin kontrolliert zu bewegen, versucht man Beinspreizen (Abb. H), hohe Vorwärtsfußtritte (Abb. I) und gesprungene Seitwärtsfußtritte (Abb. J).
Körperdehnübungen gehören auch zum Beweglichkeitstraining. Nachdem die Beinmuskulatur genügend elastisch geworden ist, ist auch die folgende Übung ausführbar: Den Rumpf so weit wie möglich nach hinten beugen, dann möglichst weit nach vorne, bis schließlich der Kopf die Knie berührt (Abb. K, L und M).

Bauchmuskeltraining

Bei Bruce Lee war die Bauchmuskelpartie besonders ausgeprägt. Er sagte immer: »Einer der wichtigsten Teile beim Kämpfen ist das Sparring. Dabei muß man schon Schläge auf den Bauch einstecken können.« Zu diesem Zweck machte er verschiedene Übungen. Die beliebteste ist das Aufsitzen auf einem geneigten Brett (Abb. N). Dazu hängt man die Füße in einen Gurt ein, beugt die Knie, verschränkt die Hände hinter dem Kopf, richtet dann den Oberkörper auf und beugt ihn zu den Füßen hin. Man wiederholt diese Übung, bis man die Anstrengung in der Bauchgegend spürt. Wenn man es schafft, diese Übung nacheinander 50 bis 100 mal zu wiederholen, kann man sie zusätzlich mit einem im Nacken gehaltenen Gewicht ausführen.
Zu einer weiteren, sehr guten Aufsitzübung setzt man sich an den Rand einer Bank ohne Rückenlehne, läßt sich die Füße an den Knöcheln festhalten und lehnt den Körper so weit

man kann nach hinten zum Boden hin. Diese Übung beansprucht die Bauchmuskeln noch mehr, ist aber auch schwieriger auszuführen. Eine Klimmstange kann auch als Sportgerät zur Entwicklung von Bauchmuskeln dienen. Man hängt sich mit beiden Händen an die Stange und hebt die gestreckten Beine an bis zur Horizontalen. In dieser Stellung verharrt man, so lange man es schafft; man sollte jedesmal versuchen, die eigene Bestzeit zu überbieten. Zur Feststellung ist ein Küchenwecker ganz nützlich.

Eine weitere gute Übung ist das Beinanheben. Dazu legt man sich auf den Boden, preßt durch Nachuntendrücken des Bauchs den Rücken an den Boden und hebt etwas den Kopf, bis man die Füße sehen kann. Die Beine geschlossen und gerade halten. Dann hebt man die Beine langsam so hoch wie möglich. Anschließend werden sie im Zeitlupentempo wieder bis zum Boden abgesenkt.

Um den größtmöglichen Nutzen aus dieser Übung zu ziehen, sollten die Füße nicht den Boden berühren; man hält sie immer wenige Zentimeter über dem Boden und beginnt das Anheben aus dieser Position. Diese Übung sollte man so oft wie möglich wiederholen. Hat man eine Gewichtheberbank zur Verfügung, kann man die in Abb. O gezeigte Übung ausführen, die auch für die Lendenmuskeln sehr nützlich ist.

N

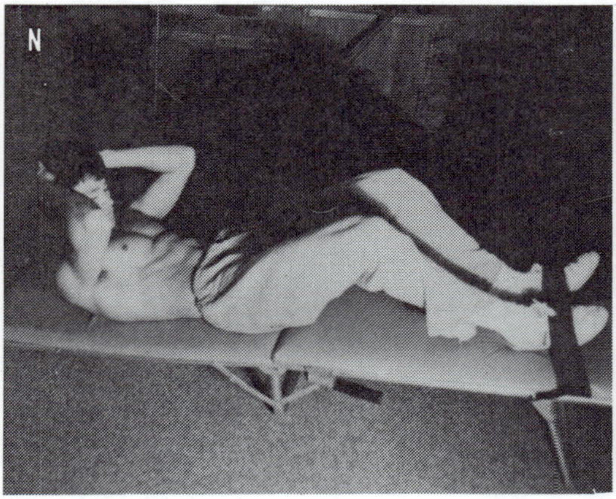

O

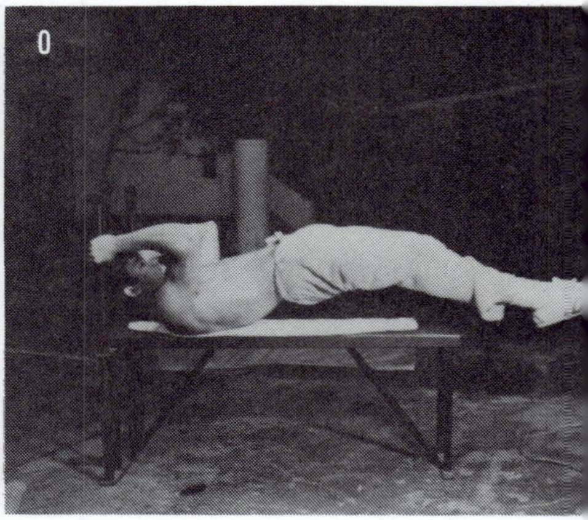

Ein Vorteil der Bauchmuskelübungen ist es, daß man sie ausführen kann, während man sich mit etwas anderem beschäftigt. So war Bruce Lees Fernsehhaltung zum Beispiel auf dem Boden ausgestreckt, den Kopf etwas angehoben und dabei die Beine knapp über dem Boden gespreizt in der Luft.

Als weitere Übung zur Stärkung der Bauchmuskeln kann man sich im Liegen einen Medizinball auf den Bauch fallen lassen, wie in Abb. P und Q gezeigt. Als Abwandlung dieser Übung kann der Medizinball auch im Stehen gegen den Bauch geworfen werden. Dabei den Ball erst auftreffen lassen, bevor man ihn auffängt (R und S).

Trainiert man allein, kann man den schweren Sandsack als Ersatz für den Medizinball nehmen, ihn in Bewegung versetzen und auf den Körper aufprallen lassen. Man kann die

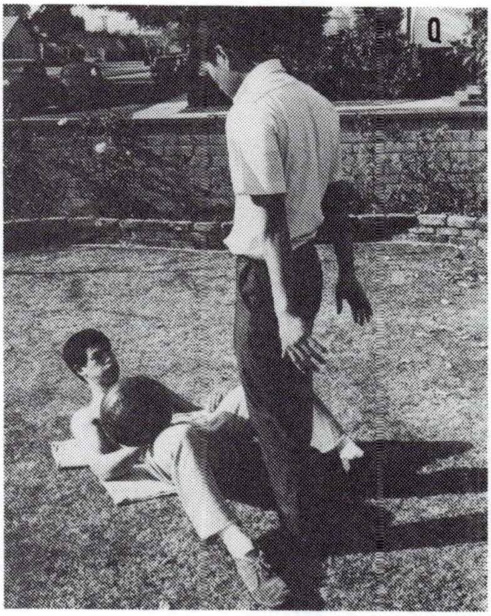

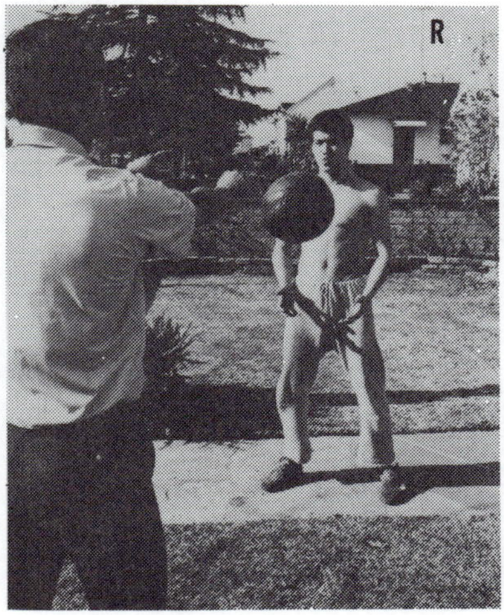

Auftreffläche selbst durch Vor- oder Zurückgehen bestimmen. Falls man ein stärkeres Auftreffen wünscht, muß man nur den Sandsack stärker bewegen.
Im täglichen Leben finden sich immer Möglichkeiten zu weiteren, ergänzenden Übungen. So kann man zum Beispiel seinen Wagen in einiger Entfernung vom eigentlichen Ziel abstellen und den Rest der Strecke rasch zurücklegen. Man sollte niemals mit dem Aufzug fahren, sondern Treppen steigen. Dabei läßt sich der Körper durcharbeiten, indem man entweder rennt oder eine oder zwei Stufen überspringt.

Die Wachsamkeitsstellung

Ansicht von vorne

Ansicht von der Sei

Grundstellung und Variationen

Die wirksamste Angriffs- und Verteidigungsstellung im Jeet Kune Do ist die Wachsamkeitsstellung. Diese halbgeduckte Stellung ist deshalb für den Kampf ideal, weil der Körper dabei immer fest und in einer ausbalancierten Ausgangsposition für Angriff, Gegenangriff und Verteidigung ohne vorankündigende Bewegungen steht. In der Wachsamkeitsstellung ist der Körper ganz locker und entspannt, jedoch zu schnellen Reaktionen bereit. Aus dieser Stellung heraus sind die Bewegungen nicht eckig, sondern weich, und man kann die nächste Aktion oder Bewegung ohne irgendeine Behinderung vorbereiten. Auf den Gegner wirkt diese Stellung trügerisch inaktiv – ein »Poker-Körper« der die eigentlichen Absichten verbirgt.

Die Wachsamkeitsstellung gewährleistet große Beweglichkeit. Aus ihr kann man mit kleinen Schritten und bei kontrolliertem Gleichgewicht beschleunigen, während man die Distanz zum Gegner überbrückt. Außerdem verschleiert und tarnt sie das eigene Timing. Da

Ansicht von hinten

Falsch

die Führhand und der Führfuß dem Ziel am nächsten sind, werden auch achtzig Prozent aller Aktionen mit ihnen ausgeführt. Bruce Lee, der von Geburt aus Rechtshänder war, nahm diese »Linkshänder« – oder »unorthodoxe« Stellung an, weil er die Auffassung vertrat, daß die stärkere Hand und das stärkere Bein die meiste Arbeit leisten sollten.
Die Stellung von Armen, Beinen und Kopf ist sehr wichtig. Bei der »Linkshänderstellung« (Rechtsvorwärtsstellung) treffen sich Schulter und Kinn etwa auf halbem Weg – die rechte Schulter ist ein paar Zentimeter angehoben, das Kinn eben so viel nach unten gezogen. In dieser Position sind Muskeln und Knochen harmonisch ausgerichtet und schützen die Kinnspitze. Beim Nahkampf wird das Kinn seitlich gegen das Schlüsselbein gepreßt und somit eine Seite des Kinns von der vorderen Schulter verborgen. Nur in ganz seltenen, extremen Verteidigungssituationen wird das Kinn sogar bis zur Kinnspitze hinter der vorde-

Rechtsvorwärtsstellung

(»Linkshänder«)

ren Schulter verborgen. Dadurch wird der Kopf jedoch zu stark angewinkelt und kommt in eine unnatürliche Position. Ein Kampf in dieser Position würde die vordere Schulter und den Führarm zu sehr anspannen, die Bewegungsfreiheit einengen und somit zu Ermüdungserscheinungen führen, da in dieser Stellung die Unterstützung durch die Muskulatur und die gerade Ausrichtung der Knochen fehlt.
Die Führhand kann geringfügig unterhalb der Schulterhöhe gehalten werden, wie es in den Abb. A und A1 (Ausschnitt) gezeigt wird. Bei den Abb. B und B1 (Ansicht von der Seite) ist besonders auf den Abstand der ausgestreckten Arme zu achten. In den Abb. C und

Linksvorwärtsstellung

(»Rechtshänder«)

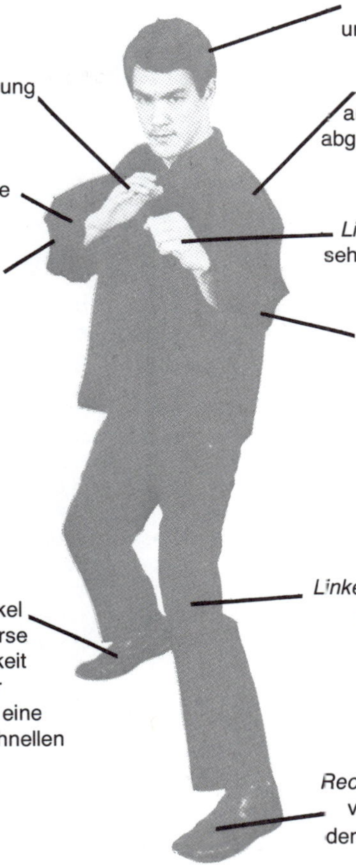

C1 sieht man diese Stellung noch einmal von hinten, wobei die Haltung der Führhand gut zu erkennen ist.

Auf der Abb. Y ist die Wachsamkeitsstellung falsch ausgeführt.

Der Kämpfer links hat seinen rechten Fuß zu weit nach außen gesetzt und bietet zu viel von seinem Körper als Trefffläche. Der Kämpfer rechts hat seinen rechten Fuß zu sehr vor der linken Körperseite, wodurch seine Bewegungsfreiheit eingeengt und sein Gleichgewicht gestört wird.

Manchmal, jedoch nur sehr selten, kann man die tiefer gezogene Position ohne Führhand

einnehmen, weil die meisten Kämpfer auf eine derartige Verteidigung nicht vorbereitet sind. Durch diese Variation der Stellung wird der Gegner wahrscheinlich verwirrt und behindert. Ferner kann man – in gewissem Ausmaß – seine Angriffsvorstöße unbewußt kontrollieren. Der ungedeckte Kopf stellt in dieser Stellung zwar ein Ziel dar, das jedoch durch Beweglichkeit und gutes Distanzhalten zum Gegner geschützt werden kann.
Die hintere Hand wird 10 bis 12 Zentimeter von Körper entfernt bereitgehalten, wobei der Ellenbogen die untere Rippenpartie deckt. Der Unterarm berührt leicht den Körper und verteidigt die Körpermitte. Die hintere Hand ist mit der vorderen Schulter ausgerichtet und liegt beinahe vor der Brust auf dieser Seite.
Durch die Stellung des vorderen Fußes ist auch die Stellung des Körpers bedingt. Befindet sich der vordere Fuß in der richtigen Stellung, dann kommt auch der Körper automatisch in die korrekte Position. Beim Eindrehen des vorderen Fußes nach innen bewegt sich der Körper in die gleiche Richtung und bietet somit dem Gegner nur ein kleines Ziel. Wird der vordere Fuß aber nach außen gedreht, dann öffnet sich der Körper und stellt ein größeres Ziel dar. Zur Verteidigung ist ein kleines Ziel natürlich vorteilhafter; manche Angriffe lassen sich jedoch bei geöffnetem Körper besser ausführen.

Eine gute Grundform ist für die Stellung sehr wichtig, denn sie ermöglicht erst die wirksamte Art und Weise zu kämpfen, ohne dabei überflüssige Bewegungen zu machen oder Energie zu verschwenden. Deshalb sollte man alle unnötigen Bewegungen und Muskelaktivitäten ausschalten, die letztlich nur zur Erschöpfung führen, ohne ein positives Ergebnis zu erbringen. Beide Arme und Schultern müssen locker und entspannt sein, um die Fäuste blitzartig wie ein Florett herausschnappen zu lassen. Man hält die Führhand oder beide Hände dauernd in kreisenden und schlängelnden Bewegungen und achtet dabei aber immer auch auf die Deckung. Die Führhand sollte ständig in Bewegung sein und wie die Zunge einer zum Zustoßen bereiten Schlange herein- und herausschnellen. Diese dauernde Bedrohung verblüfft und verunsichert den Gegner.
Man sollte immer daran denken, daß man bei einem verkrampften Kampfstil Gleichgewicht, Timing und Beweglichkeit verliert, die für einen guten Kämpfer unerläßlich sind. Obwohl Entspannung ein körperlicher Zustand ist, wird dieser Zustand vom Geist gesteuert. Deshalb muß man lernen, die Gedanken und den Körper ganz bewußt auf diese neue Art der muskulären Aktivität einzustimmen. Entspannung ist ein bestimmtes Stadium der muskulären Spannung. Normalerweise ist bei der Ausführung einer körperlichen Aktivität immer etwas Spannung in den Muskeln vorhanden. Es kommt jedoch darauf an, in den antagonistischen Muskeln (entgegengesetzt wirkende Muskeln) nur sehr wenig Spannung zu haben, damit die Bewegungen gut koordiniert, elegant und wirksam sind. Dieses Gefühl der Entspanntheit kann man durch beständiges Üben beliebig hervorrufen. Hat man dies einmal geschafft, sollte man diesen Zustand auch auf spannungsreiche Situationen übertragen.
Es empfiehlt sich, in einem Spiegel dauernd Haltung, Position der Hände und Bewegungen zu kontrollieren. Man achtet auf die Stellung und prüft, ob man beinahe wie eine Katze mit leicht gekrümmten Rücken, leicht angehobener vorderer Schulter und federnd aktionsbereit steht. Die Bauchmuskeln werden etwas angespannt. Man deckt die Körperseiten mit dem Ellenbogen und bietet somit dem Gegner keine Öffnung dar. Die Wachsamkeitsstellung gilt als die sicherste Stellung. Im Jeet Kune Do ist sie am besten geeignet, Schlag-, Tritt- und sonstige Techniken auszuführen.
Die folgenden Stellungen (siehe zugehörige Abbildungen) zeigen einige Fehler:

A: Das rechte Bein ist zu weit außen und schränkt dadurch die Bewegungsmöglichkeit ein, vor allem, wenn das Gewicht auf dem hinteren Bein liegt. Da die Hände an den Hüften liegen, können Oberkörper und Kopf leicht angegriffen werden.
B: Diese Stellung ist zu parallel in der Auslage und kann leicht aus dem Gleichgewicht gebracht werden. Außerdem lassen sich Konterangriffe aus dieser Stellung heraus nicht tief genug führen.
C: Zu lang gezogene Stellung mit weit ausgreifender Führhand und großem Abstand der Füße, wodurch man leicht angreifbar wird. Die vorne liegende Körperseite bietet sich einem Angriff ungeschützt dar. Die ausgestreckte Hand kann in dieser Position schlecht bewegt werden; beim hierzu nötigen Zurückziehen kündigt man seine Absicht bereits im voraus an.

D

E

F

G

D: Beide Hände befinden sich zu weit vor dem Körper. Der hintere Arm wird zu hoch gehalten und läßt die Körperpartie darunter ungedeckt. Die Führhand ist zu weit vorne, um damit noch irgendeinen Angriff ausführen zu können.
E: Durch diese zu sehr seitliche Stellung kann man Angriffe oder Rückwärtsbewegungen nicht weiträumig genug ausführen. Außerdem kann man leicht außer Gleichgewicht gebracht werden.
F: Die Arme werden zu tief geführt, wodurch Kopf und Oberkörper ohne Deckung sind.
G: Der Körper wird zu steif gehalten. Die Führhand ist für einen wirksamen Angriff zu weit vorne, und die hintere Hand liegt zu tief, um Angriffe zum Kopf abwehren zu können.
H: Aus dieser Stellung heraus sind Bewegungen nur schwer möglich, da sie zu breit ist. Außerdem läßt sich aus dieser Stellung heraus nur sehr schwer ein Angriff ohne Vorankündigung führen; zusätzlich ist der Unterleib nicht ausreichend gegen Vorwärtsfußtritte geschützt.
I: Der rechte Arm ist zu hoch und läßt die Rippenpartie ungedeckt. Die Hand kann keinen Angriff durchführen, da sie sich zu weit vor dem Körper befindet.

J

K

L

M

J: Die Katzenstellung schränkt die Bewegungsfreiheit ein, vor allem das Ausweichen nach rechts (wenn man in der Rechtsvorwärtsstellung steht). Ein aus dieser Stellung heraus geführter Schlag hat keine große Kraft, da das Gewicht ganz auf dem hinteren Bein liegt.
K: Diese Stellung ist zu eng. Dadurch ist keine federnde Beinarbeit mehr möglich. Zu explosiven und federnden Bewegungen müßten die Knie etwas gebeugt werden.
L: Hier liegt wie bei der Katzenstellung zu viel Gewicht auf dem hinteren Fuß, wodurch die Bewegungsfreiheit nach vorne eingeschränkt ist, vor allem bei einem breiten Stand. Zur Ausführung eines Schlags müßte man zuerst das Gewicht auf das vordere Bein verlagern, womit man aber seine Absicht verrät.
M: Hier kann man durch einen Fußfeger aus dem Gleichgewicht gebracht werden, wenn das Gewicht zu sehr auf dem vorderen Bein liegt. Ein zu lang gezogener Stand macht einen auch gegen Tritte zum Knie oder Schienbein anfällig.
N: Da beide Hände an der Hüfte liegen, bieten sich Kopf und Körper für jeden Angriff an. Der Unterleib ist unnötigerweise durch die total falsche Stellung des hinteren Fußes ebenfalls für Angriffe offen.
O: Bei dieser Stellung sind Körper, Kopf, Knie und Schienbeine für Angriffe anfällig. Durch das Knien auf dem Boden nimmt man sich selbst jede Möglichkeit zu Angriffs- oder Verteidigungsbewegungen.

Gleichgewicht

Auf das Gleichgewicht muß bei der Wachsamkeitsstellung besonders geachtet werden. Wer sich nicht stets im richtigen Gleichgewicht befindet, verliert mitten in einer Aktion die Körperkontrolle. Ein gutes Gleichgewicht läßt sich immer mit richtiger Ausrichtung des Körpers erreichen. Die Füße sollten sich direkt unter dem Körper befinden, in einem bequemen mittleren Abstand von etwa einer »natürlichen« Schrittlänge, so daß man fest verankert und nicht nur auf einem Punkt steht. Das Körpergewicht kann entweder gleichmäßig auf beide Beine oder geringfügig mehr auf das vordere Bein verteilt sein. Durch Beugen des vorderen Knies verlagert sich der Schwerpunkt etwas nach vorne; die vordere Ferse sollte einen leichten Bodenkontakt haben, damit das Gleichgewicht beibehalten werden kann und um die Spannung zu verringern (»leicht auf den Füßen«). Das vordere Bein sollte außerdem nicht zu sehr gebeugt werden und nicht angespannt sein, sondern entspannt und locker. Obwohl diese Richtlinien stimmen, gibt es keine feste Regel, nach der die Fersen dauernd angehoben oder aufgesetzt sein sollen. Dies hängt immer ganz von der Situation und der jeweiligen Position des Körpers ab.

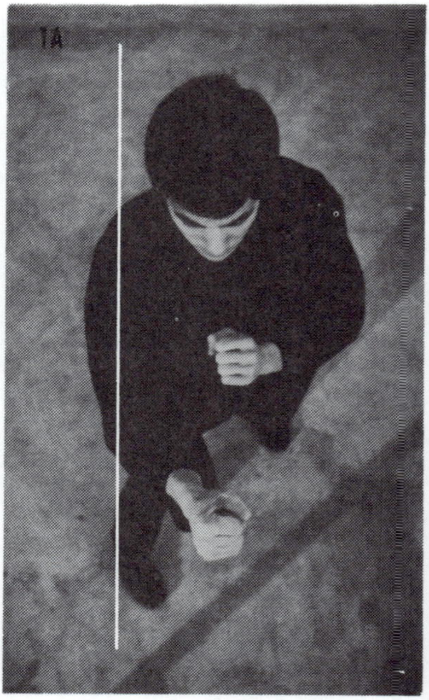

Ansicht von oben

Die hintere Ferse ist angehoben, um beim Schlagen ein schnelles Verlagern des Körpergewichts auf das vordere Bein zu erleichtern. Außerdem wirkt die angehobene Ferse wie eine Sprungfeder und gibt nach, wenn man einen Treffer hinnehmen muß. Das hintere Bein sollte wie das vordere etwas gebeugt werden, jedoch immer entspannt und beweglich sein. Bei einem guten Kämpfer wird man kaum durchgedrückte Knie sehen, selbst wenn er sich plötzlich bewegen muß.
In der Wachsamkeitsstellung ist der Körper gut ausbalanciert. Die vorne liegende Körperseite bildet eine imaginäre direkte Linie von der vorderen Ferse bis zur vorderen Schulterspitze, wie in den Abb. 1 (Ansicht von vorne) und 1A (Ansicht von oben) gezeigt wird. In Abb. 2 wird durch die in Seitenansicht gezeigte Haltung von Bruce Lee der natürliche Abstand zwischen den Füßen, die leicht gebeugten Knie und die etwas angehobene hintere Ferse verdeutlicht.

Diese Stellung verschafft einem verschiedene Vorteile wie Schnelligkeit, Entspanntheit, Gleichgewicht und Weichheit in der Bewegung sowie die Möglichkeit zum kraftvollen Schlagen.

Richtiges Gleichgewicht bedeutet, den Körper in jeder Lage unter Kontrolle zu haben, das heißt, den Schwerpunkt zu beherrschen. Selbst wenn der Körper geneigt ist oder nicht mehr über dem Schwerpunkt ruht, sollte man immer wieder das Gleichgewicht zurückerlangen.

In Abb. A weicht Bruce Lee gerade vor seinem Gegner zurück und bleibt dabei im Gleichgewicht. In Abb. B sieht man, wie er einen ausholenden Schlag macht und dabei seinen Körper für den Fall eines Gegenangriffs unter Kontrolle behält.

Um den Schwerpunkt auch in der Bewegung kontrollieren zu können, sollte man anstelle von hüpfenden oder übergesetzten Schritten nur kurze und gleitende Schritte machen. Bei schnellen Bewegungen werden dann mehrere kleine Schritte ausgeführt. Zur Überbrückung der gleichen Distanz sind zwei kurze Schritte besser als ein langer. Der Schwerpunkt wird durch die eigenen Bewegungen und die des Gegners dauernd verlagert. So bringt man zum Beispiel beim schnellen Vorwärtsgehen den Schwerpunkt allmählich über das vordere Führbein, damit das hintere Bein unbeschwert den Körper in einer schnellen, kurzen und plötzlichen Bewegung nach vorne treiben kann. Beim Zurückweichen oder zum schnellen Rückwärtsgehen wird der Schwerpunkt auf das hintere Bein verlagert, so daß man für eine Abwehr oder einen Gegenangriff gutes Gleichgewicht erlangt.
Weitere Schritte und dauernde Gewichtsverlagerung von einem Fuß auf den anderen sollte man bei Bewegungen – Schlagen und Treten ausgenommen – möglichst vermeiden. Dieses Moment der Verlagerung führt zu schlechtem Gleichgewicht, und man ist leicht angreifbar. Außerdem lassen sich so keine kraftvollen Angriffe führen. Der Gegner kann seinen Angriff zeitlich darauf abstimmen, daß er genau in den Augenblick der Gewichtsverlagerung fällt.
Man sollte sich um gutes Gleichgewicht in der Bewegung und nicht nur im Ruhezustand bemühen. Körperbeherrschung bedeutet eine ausgewogene Gleichgewichtslage. Dies gilt vor allem, wenn man kraftvolle Schläge und Tritte ausführt, weil dabei das Gewicht immer von einem Fuß auf den anderen verlagert werden muß. Das Gleichgewicht beizubehalten, während man den Körper dauernd bewegt, ist eine Kunst, die nur wenige beherrschen.
Man kann beim Kampf oder Sparring die Strategie ändern, aber man sollte nie zu sehr von seiner Grundform abkommen. In Abb. 1 ist der Körper in einer anscheinend recht guten Haltung, wenn auch mit etwas zu viel Gewicht auf dem vorderen Bein. Aber sobald man aus dieser Stellung heraus einen Angriff einleitet (Abb. 2), bringt man sich aus dem Gleichgewicht. Eine gute Grundform erfordert ein gutes Gleichgewicht. Richtiges Gleichgewicht und genaues Timing tragen zu einer guten Hebelwirkung bei, ohne die man keine kraftvollen Schläge oder Tritte ausführen kann.

1

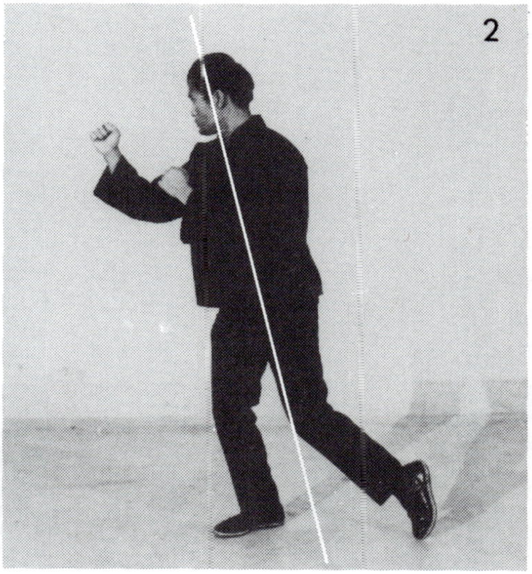
2

A

B

Am besten ist eine Stellung für die Füße, aus der heraus man sich sofort in alle Richtungen frei bewegen kann und die während des ganzen Angriffs als Drehpunkt dient. Außerdem muß man durch diese Fußstellung in ein gutes Gleichgewicht gebracht werden, damit man Schläge von allen Seiten nehmen und zugleich den eigenen Schlägen sehr viel Kraft mitgeben kann. Wie beim Baseball kommen der Schwung und die Kraft beim Führen des Schlägers ebenfalls aus den Beinen.
Die Wachsamkeitsstellung bringt durch richtige Ausrichtung des Körpers Gleichgewicht und Leichtigkeit in der Bewegung. Eine zu weite Stellung, wie in Abb. A dargestellt, weicht von der richtigen Ausrichtung ab. Sie verschafft zwar Festigkeit und Kraft, was aber auf Kosten von Schnelligkeit und wirksamer Bewegung geht. Der in Abb. B gezeigte kurze Stand ermöglicht zwar größere Schnelligkeit, ist aber hinsichtlich Kraft und Gleichgewicht ziemlich ungünstig.
Bei der Ausführung eines Schlags oder Tritts sollte man sich nicht zu stark exponieren, denn darunter leidet das Gleichgewicht. Das Kontern wird gegen einen aufrecht stehenden Gegner geübt. Wenn er am Ziel vorbeischlägt, verliert er für einen Moment das Gleichgewicht und wird dadurch angreifbar. Seine einzige »Rettung« wäre, die Knie etwas stärker gebeugt zu halten.
Man muß lernen, die Bewegungsmechanik des eigenen Körpers wahrzunehmen, das Zusammenziehen und Lockern der Muskeln zu fühlen. Um einen Sinn dafür zu entwickeln, bringt man den Körper ganz bewußt in bestimmte Positionen, die man dann auch gefühlsmäßig durchdringt. So kann man sich zum Beispiel zuerst in eine gute Gleichgewichtslage versetzen und dann direkt danach in eine schlechte, wobei man bei Vorwärts-, Rückwärts- und Seitwärtsbewegungen den Unterschied spüren und fühlen sollte. Hat man das Gefühl dafür einmal entwickelt, sollte man sich davon leiten lassen und merken, falls man sich eckig statt elegant bewegt oder wenn man verkrampft statt entspannt ist. Am Ende muß die Wahrnehmung der Bewegungsmechanik so in Fleisch und Blut übergegangen sein, daß man sich unbehaglich fühlt, wenn man nicht mit der kleinstmöglichen Anstrengung die bestmöglichen Resultate erzielt.
Zur Entwicklung eines guten Gleichgewichts übt man sowohl in der Rechtsvorwärtsstellung als auch in der Linksvorwärtsstellung, insbesondere wenn man die gleichen Übungen oder Techniken ausführt. Vor und nach dem Training kann man auch beim Umkleiden zur Übung auf einem Bein stehen.

Das Üben von »Chi Sao« (Klebende Hände) ist eine der besten Methoden zur Entwicklung von gutem Gleichgewicht. Beim Wing-Chun-Stil stehen sich beide Partner mit paralleler Beinstellung gegenüber, wie in Abb. 1 und 2 gezeigt wird. Beide Hände werden ausgestreckt, bis sich die Handgelenke berühren. Jeder Partner hält eine Hand außen, die andere innen an der Hand des Partners und dreht dann beide Arme entgegen dem Uhrzeigersinn vor und zurück. Dabei wird auf die Arme Druck ausgeübt, um den Partner aus dem

3

4

Gleichgewicht zu bringen. Um dies zu verhindern, sollten die Knie leicht gebeugt sein und der Schwerpunkt durch Herunternehmen der Hüften abgesenkt werden. In dieser Haltung hat man ein gutes seitliches Gleichgewicht, aber ein schlechtes nach vorne oder hinten. Deshalb änderte Bruce Lee diese Stellung, indem er einen Fuß nach vorne setzte (Abb. 3 und 4). In dieser Stellung ist das Gleichgewicht nach allen Seiten besser. Obwohl diese Stellung noch nicht die typische Jeet Kune Do-Stellung ist, ähnelt sie ihr doch schon mehr.

Beinarbeit

Beim Jeet Kune Do kommt der Beweglichkeit eine sehr große Bedeutung zu, da jeder unbewaffnete Kampf letzten Endes eine Sache der Bewegung ist. Die Anwendung wirksamer Techniken hängt ganz von der Beinarbeit ab. Schnelle Beinarbeit ermöglicht schnelle Tritt- und Schlagtechniken. Wenn man langsam auf den Füßen ist, sind auch diese Techniken langsam. Beim Kampf kommt es darauf an, die Bewegungsabläufe zu beherrschen. Es gilt, das Ziel zu suchen oder zu verhindern, daß man selbst das Ziel wird. Die Beinarbeit im Jeet Kune Do ist in der Bewegung immer leicht, entspannt und fließend, aber fest, während die klassische Pferdestellung nur die Festheit in der Ruhe anstrebt. Diese unnötige und anstrengende Stellung ist nicht funktionell, da sie zu langsam und ungelenk ist. Beim richtigen Kampf muß man sich sofort in jede beliebige Richtung bewegen können.
Richtige Beinarbeit bedeutet gutes Gleichgewicht in der Bewegung, was für die eigene Schlagkraft wichtig ist und dazu beiträgt, daß man selbst nicht getroffen wird. Mit guter Beinarbeit kann man jeden Tritt oder Schlag ausmanövrieren. Ein sich bewegendes Ziel ist sicherlich schwerer zu treffen als ein stillstehendes. Je besser man seine Beinarbeit beherrscht, desto weniger wird man zur Abwehr von Schlägen oder Tritten die Arme einsetzen müssen. Durch geschickte Bewegungen kann man beinahe jedem Schlag ausweichen und dabei gleichzeitig einen Angriff mit Fäusten oder Füßen anbahnen.
Mit gekonnter Beinarbeit kann man Angriffen ausweichen, Entfernungen zügig überbrükken und sich aus gefährlichen Situationen befreien. Außerdem spart man damit Energie, die man vermehrt in Tritte oder Konterschläge legen kann. Ein Kämpfer, der kraftvoll schlägt, aber schlechte Beinarbeit leistet, ermüdet sich selbst bei seinen Versuchen, den Gegner zu treffen.
Aus der idealen Fußstellung heraus kann man sich sofort nach allen Richtungen frei bewegen und Schläge von allen Seiten bei ungebrochenem Gleichgewicht einstecken. Dazu müssen sich die Füße genau unter dem Körper befinden. Diese natürliche Ausrichtung der Füße, verbunden mit einem guten Gleichgewicht, bietet die Wachsamkeitsstellung.

Gleitschritt (Shuffle)

Beim Vorwärtsgehen sollte man keine hüpfenden oder übergesetzten Bewegungen machen, sondern die Füße am Boden schleifen (Shuffle). Dabei fühlt man sich am Anfang wahrscheinlich schwerfällig und langsam, aber wenn man diese Bewegung täglich übt, wird sie allmählich schneller und eleganter. Zur Ausführung des Vorwärts-Shuffle, wie in Abb. 1, 2 und 3 (Ansicht von vorne), A, B und C (Ansicht von der Seite) und X, Y und Z (Ansicht von hinten) steht man in der Wachsamkeitsstellung. Dann geht man vorsichtig nach vorne, indem man mit dem rechten Fuß etwa einen halben Schritt nach vorne gleitet (siehe Zeichnungen). Dabei wird für einen Sekundenbruchteil der Abstand zwischen den Füßen etwas erweitert, ehe das hintere Bein nach vorne gezogen wird. Ist der hintere Fuß nach vorne gebracht, sollte man wieder die ursprüngliche Haltung angenommen haben. Weitere Halbschritte nach vorn erfolgen in der gleichen Weise.

Vorwärts-Shuffle *(Ansicht von vorne)*

Vorwärts-Shuffle (Ansicht von der Seite)

Vorwärts-Shuffle (Ansicht von hinten)

Man beachte bei den Abbildungen, daß Bruce Lee in völligem Gleichgewicht ist und seine Deckung oben hält. Man sollte sich nicht plattfüßig bewegen, sondern auf den Fußballen vorsichtig und feinfühlig über den Boden gleiten, wie ein Seiltänzer, dessen Füße ihn sicher über ein Seil in großer Höhe tragen, sogar mit verbundenen Augen.
Beide Knie sind immer etwas gebeugt und entspannt. Der vordere Fuß steht flach, aber nicht sehr fest am Boden. Er sollte »leicht« sein und intuitiv wenige Millimeter angehoben werden, wenn eine schnelle Bewegung oder eine Gewichtsverlagerung nötig ist.
Die hintere Ferse ist in der Ruhe oder in der Bewegung immer angehoben, und zwar geringfügig höher als die vordere Ferse (6 bis 12 mm). Die angehobene hintere Ferse erleichtert beim Schlagen die sofortige Gewichtsverlagerung auf das andere Bein. Außerdem ermöglicht sie schnelle Reaktionen und wirkt wie eine Feder, so daß man Schläge aus allen Richtungen nehmen kann. Natürlich sollte die Ferse eim Auftreffen des Schlags wieder Bodenkontakt bekommen. Es gibt keine feststehende Regel, wann die Fersen abzuheben und wann sie aufzusetzen sind. Dies hängt von verschiedenen Faktoren ab, zum Beispiel der Haltung des Körpers, der Reaktion hinsichtlich Angriff oder Verteidigung mit Händen oder mit Füßen, usw.
Beim Vorwärts-Shuffle bewegt man sich leichtfüßig und achtet dabei immer auf eine gleichmäßige Verteilung des Gewichts, den Sekundenbruchteil ausgenommen, in dem man seinen vorderen Fuß nach vorne bewegt. In diesem Moment wird das Gewicht geringfügig auf diesen Fuß verlagert.
Beim Rückzug oder Rückwärtsgehen werden die Bewegungen in umgekehrter Reihenfolge ausgeführt. Der Rückwärts-Shuffle basiert auf den gleichen Grundlagen wie der Vorwärts-Shuffle, wie die Abb. 1, 2 und 3 (Ansicht von vorne), A, B, und C (Ansicht von der Seite) und X, Y, Z (Ansicht von hinten) zeigen. Man geht hierzu aus der Wachsamkeitsstellung um einen halben Schritt mit dem hinteren Fuß nach rückwärts (Abb. 2) und erweitert nur für den Sekundenbruchteil den Abstand zwischen den Füßen etwas, ehe das vordere Bein nach hinten gleitet. Ist der vordere Fuß nach hinten gebracht, dann sollte man wieder in der Wachsamkeitsstellung stehen und gut im Gleichgewicht sein. Im Gegensatz zum Vorwärts-Shuffle wird das Gewicht kurzzeitig auf das hintere oder ruhende Bein verlagert, wenn man mit dem vorderen Fuß nach hinten gleitet. Will man sich noch weiter zurückziehen, wiederholt man einfach den ganzen Ablauf. Wichtig ist, daß man sich immer leichtfüßig bewegt, und daß die hintere Ferse leicht angehoben bleibt.
Vorwärts- und Rückwärts-Shuffle müssen mit einer Reihe von kleinen Schritten ausgeführt werden, damit man immer im Gleichgewicht ist. Diese Stellung ist der ideale Ausgangspunkt, um den Körper schnell in jede gewünschte Richtung zu bringen und außerdem für Angriff wie Verteidigung geeignet.

Rückwärts-Shuffle *(Ansicht von vorne)*

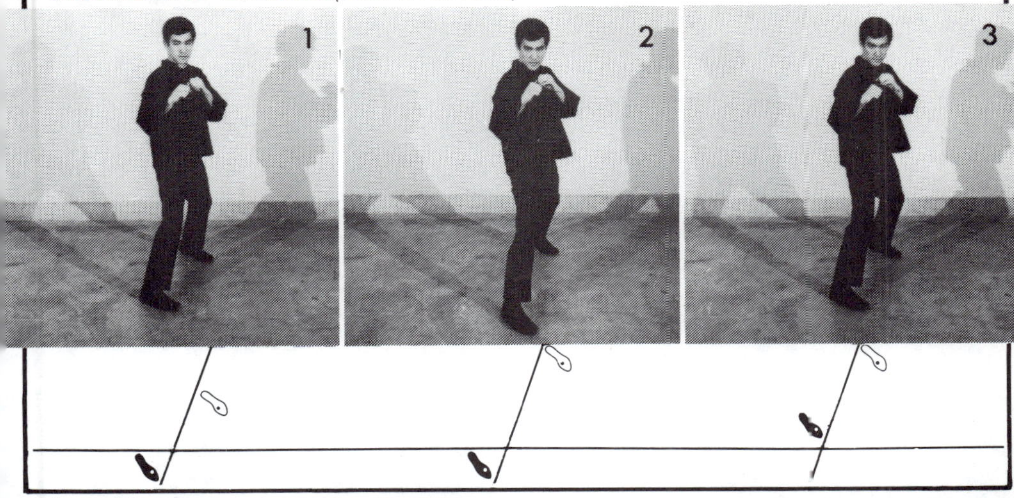

Rückwärts-Shuffle (Ansicht von der Seite)

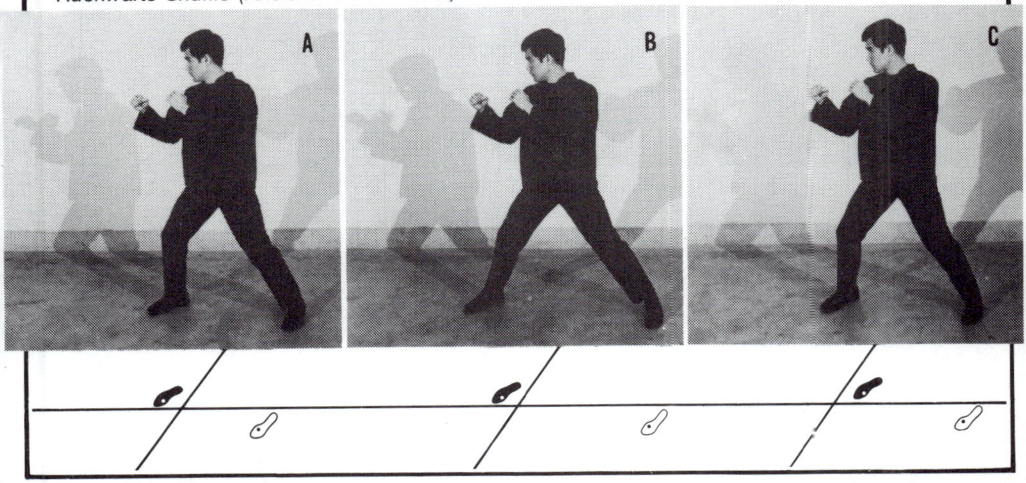

Rückwärts-Shuffle (Ansicht von hinten)

Schnelles Vorwärtsgehen

Schnelle Bewegungen

Das schnelle Vorwärtsgehen (Abb. 1, 2, 3 und 4) ähnelt stark dem Vorwärts-Shuffle. Aus der Wachsamkeitsstellung heraus macht man mit dem rechten Fuß einen Schritt um etwa 8 cm nach vorne (Abb. 2). Diese scheinbar unbedeutende Bewegung sorgt dafür, daß der Körper im Gleichgewicht bleibt, auch beim Vorwärtsgehen; die vorwärtstreibende Kraft ist gleichmäßig auf beide Beine verteilt. Ohne diesen kurzen Schritt müßte die Antriebskraft vom hinteren Bein ausgehen.

Sobald man mit dem vorderen Fuß nach vorne gleitet, muß der hintere Fuß schnell nach vorne bis beinahe zur ursprünglichen Position des vorderen Fußes geführt werden, wie auf Abb. 3 dargestellt. Hat man dabei den vorderen Fuß nicht rechtzeitig wegbewegt, kann der hintere Fuß nicht richtig aufgesetzt werden, da der vordere Fuß noch teilweise im Weg steht. So wird das vordere Bein nach vorne bewegt, kurz bevor es Kontakt mit dem hinteren Fuß hätte. Wenn man nach der Ausführung dieser Bewegung keinen weiteren Schritt macht, sollte man im natürlichen Schrittabstand wieder in der Wachsamkeitsstellung stehen. Der eigentliche Sinn dieser Bewegung liegt jedoch darin, den Körper schnell über

eine weitere Distanz zu befördern, für die man mehrere Schritte benötigt. Mit Ausnahme des ersten kleineren Schritts sollten alle weiteren Schritte im normalen Schrittabstand ausgeführt werden. Diese Bewegung ermöglicht ein gutes Gleichgewicht und eine schnelle Vorwärtsbewegung.
In Abb. 3 scheint Bruce Lee in einer wenig günstigen Haltung zu sein. Er befindet sich jedoch nur für Sekundenbruchteile in dieser Haltung. Wer ihm in Wirklichkeit zusah, konnte nur immer fließende und elegante, jedoch niemals unbeholfene Bewegungen feststellen.

Schneller Rückzug

Die Beinarbeit beim schnellen Rückwärtsgehen oder Rückzug ähnelt der beim schnellen Vorwärtsgehen, nur daß man sich dabei in die entgegengesetzte Richtung bewegt. Man bewegt den vorderen Fuß aus der Wachsamkeitsstellung (Abb. A) nach hinten (Abb. B). Wie beim schnellen Vorwärtsgehen leitet der vordere Fuß die Bewegung ein, wobei der hintere Fuß nur Sekundenbruchteile später folgt. Bewegt man den hinteren Fuß, bevor der

Schnelles Rückwärtsgehen

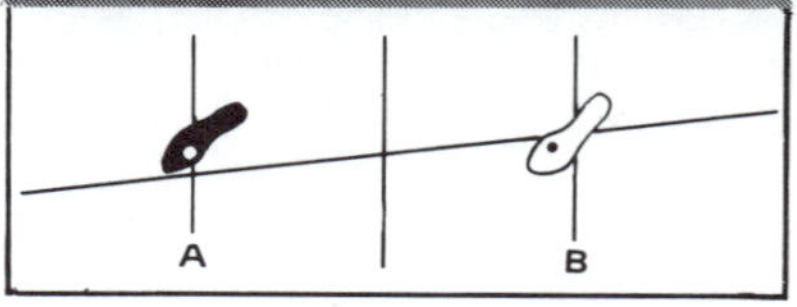

vordere Fuß herangesetzt worden ist, kann das vordere Bein nicht richtig aufgesetzt werden. Im Gegensatz zum schnellen Vorwärtsgehen muß man nicht zuerst einen Fuß um 8 cm versetzen. Es ist nur eine schnelle Bewegung, bei der jedoch der Körper gut ausgerichtet und im Gleichgewicht sein sollte. Nach dem Bewegungsablauf eines Schritts steht man wieder in der Wachsamkeitsstellung, wenn sich beide Füße in ihrer Position befinden. Diese Bewegung wird wiederholt, denn sie dient dazu, schnell über eine weitere Distanz nach hinten zu gehen.

Die schnelle Bewegung und das Gleiten gelingen nur dann richtig, wenn man sich leicht auf den Füßen bewegt. Die beste Übung zur Überwindung der Trägheitskraft der eigenen Füße ist ein längeres Schattenboxen und Seilspringen. Beim Üben muß man sich immer bewußt zu machen versuchen, daß man sich »federleicht« bewegen soll. Schließlich erreicht man dann die natürliche Leichtigkeit.

Man sollte sich ohne Anstrengung und mit Gefühl bewegen, dabei auf den Fußballen gleiten, die Knie leicht gebeugt halten und die hintere Ferse etwas anheben. Schnelle oder entspannte Beinarbeit hängt vom Gleichgewicht ab. Kehrt man beim Training nach der Ausführung einer Bewegungsfolge wieder in die Wachsamkeitsstellung zurück, sollte man in dieser Stellung mit Leichtigkeit und Gefühl kurz auf den Fußballen vor- und zurückgleiten, bevor man zur nächsten Übungsfolge übergeht. Dadurch steigert man die eigene Gewandtheit, da hierbei ein tatsächliches Kämpfen simuliert wird.

Falls kein besonderer strategischer Zweck verfolgt wird, sollten die Vorwärts- und Rück-

wärtsbewegungen mit kurzen und schnellen Gleitschritten ausgeführt werden. Lange Schritte oder Beinbewegungen führen dazu, daß das Gewicht von einem Bein auf das andere verlagert wird. Deshalb sind diese Bewegungen außer bei der Ausführung eines Schlags zu vermeiden, weil sich der Körper in diesem Augenblick nicht im Gleichgewicht befindet, wodurch Angriff oder Verteidigung stark beeinträchtigt werden. Das Überkreuzen der Beine bei einer Bewegungsfolge ist eine schlechte Angewohnheit, weil dadurch der Körper nicht richtig im Gleichgewicht und der Unterleib ungeschützt ist.
Die Bewegungen sollten nicht hüpfend oder ruckartig gemacht werden. Beide Füße müssen mit nur ganz geringem Abstand über den Boden gleiten, ähnlich den eleganten Bewegungen eines Tänzers.

Schneller Vorstoß

Der schnelle Vorstoß oder Angriffsvorstoß ist die schnellste Bewegung im Jeet Kune Do. Er gehört zu den am schwersten zu erlernenden Techniken, da er eine gute Koordination erfordert, während das Ausbalancieren erschwert ist. Dieser Vorstoß wird eingesetzt, um zum Angriff mit einem Seitwärtsfußstoß tief vorzudringen oder um einen Angriff zu kontern.

1

2

A

B

Der schnelle Vorstoß ist ein tiefgeführter Angriffsvorstoß. Man bewegt den vorderen Fuß aus der Wachsamkeitsstellung (Abb. 1) um etwa 8 cm nach vorne, wie beim schnellen Vorwärtsgehen, um den Körper auszurichten und in gutem Gleichgewicht zu sein (Abb. 2). Um eine noch schnellere Reaktion zu erhalten, reißt man die vordere Hand nach oben. Dadurch wird ein Kraftmoment geschaffen, wie ein Ruck an einem Seil (Abb. A und B). Dieses Hochreißen der Hand lenkt außerdem den Gegner ab und bringt sein Timing durcheinander.

X

Y

Beim Hochreißen der Hand werden gleichzeitig die Hüften mit nach vorne geführt und dadurch das hintere Bein ebenfalls nach vorne gezogen. Für diesen kurzen Moment liegt das Gewicht zum größten Teil auf dem vorderen Bein, und erst in diesem Augenblick streckt sich das Bein, um den Körper nach vorne zu stoßen. Bei einem besonders tief eindringenden Vorstoß kann sich das hintere Bein eventuell vor dem vorderen befinden, während man in der Luft auf den Gegner zugleitet, wie in Abb. X. Der linke Fuß darf erst genau bei der Ausführung des Seitwärtsfußstoßes mit rechts aufgesetzt werden (Abb. Y). Sobald

der Fußstoß ausgeführt ist, sollte man sofort den rechten Fuß wieder aufsetzen und die Wachsamkeitsstellung einnehmen. Durch diesen einen Sprungvorstoß sollte man mindestens zwei Schrittlängen weit vordringen können.
Bei einem kürzlich durchgeführten Versuch wurde festgestellt, daß zur Überwindung einer Distanz von 2,5 Metern mit dem schnellen Vorstoß nur eine dreiviertel Sekunde benötigt wurde. Mit dem klassischen Vorstoß oder beim Vorgehen mit Übersetzen der Füße brauchte man zur Überwindung der gleichen Distanz eineinhalb Sekunden – genau die doppelte Zeit.
Der Vorstoß sollte eher horizontal als vertikal ablaufen. Er wird mehr weit als hoch gesprungen. Eine größere Distanz wird erreicht, wenn die Füße nahe am Boden geführt werden. Die Knie sollten immer leicht gebeugt sein, damit die kräftigen Oberschenkelmuskeln mit federnder Explosivkraft eingesetzt werden können.
Wenn man die zugehörige Beinarbeit übt, sollte man zuerst die Haltung der Hände außer Acht lassen. Man hält sie einfach in der normalen Jeet Kune Do-Position und konzentriert sich auf die Beinarbeit. Wenn man dann die Beinarbeit beherrscht, kann das Hochreißen der Hände geübt werden.
Später sollte die folgende Übung ins tägliche Training eingebaut werden, um Natürlichkeit und Schnelligkeit in der Bewegung zu erlangen. Man führt aus der Wachsamkeitsstellung heraus den schnellen Vorstoß aus, ohne zu tief vorzudringen, indem die Hand nach oben gerissen wird und man ohne große Anstrengung nach vorne springt, dabei aber den vorderen Fuß sofort ohne Ausführung eines Tritts wieder absetzt. Dieser Bewegungsablauf soll ohne Unterbrechung wiederholt werden, wobei auf Gleichgewicht und fließende Bewegungen zu achten ist. Durch diese Übung wird der Körper daran gewöhnt, sich mit Leichtigkeit, Rhythmik und Eleganz zu bewegen. Wenn man diesen Bewegungsablauf beherrscht, kann die Geschwindigkeit gesteigert werden. Ferner kann man daran arbeiten, die Distanz durch verbesserte Koordination zu verkürzen. Schließlich läßt sich das einfache Hochreißen der Hand durch einen Faustrückenschlag ersetzen.
Der schnelle Rückzug ähnelt der schnellen Rückwärtsbewegung, nur daß er einen noch schneller und weiter nach hinten bringt. Man drückt aus der Wachsamkeitsstellung heraus die Fußballen des vorderen Fußes ab, um damit eine Bewegung einzuleiten, durch die das vordere Knie gestreckt und das Gewicht auf das hintere Bein verlagert wird. Dann wird der vordere Fuß ohne Unterbrechung der einleitenden Bewegung angehoben und hinter den hinteren Fuß geführt. Kurz vor seinem Aufsetzen wird das hintere Bein im Knie durchgedrückt und dadurch blitzartig nach hinten bewegt. Man sollte den vorderen Fuß mit dem Fußballen kurz vor dem Augenblick aufsetzen, in dem der hintere Fuß den Boden berührt. Durch diese eine schnelle Bewegung sollte der Körper um mindestens zwei natürliche Schrittlängen nach hinten bewegt werden.
Beim schnellen Rückzug wird der Körper gleich schnell bewegt wie beim schnellen Vorstoß. Bei dem vorher erwähnten Versuch dauerte die Überwindung einer Distanz von 2,5 Metern vorwärts wie rückwärts die gleiche Zeit – eine dreiviertel Sekunde. Im Vergleich dazu benötigte man mit der klassischen Rückwärtsbewegung genau eine Sekunde.
Beim täglichen Training sollte der schnelle Rückzug im Hinblick auf Schnelligkeit, Gleichgewicht und Rhythmus und nicht auf tiefes Eindringen hin geübt werden. Die leichtfüßige Bewegung und die Verkürzung der Distanz sind vorrangig.
Zwischen dem Lauftraining kann man Sequenzen mit schnellen Vorstößen einbauen, indem man sich hierbei auf die Beinarbeit konzentriert und dann wieder zu laufen anfängt. Eine weitere Übung ist das Training mit einem Partner. Der Trainingspartner kann den schnellen Rückzug ausführen, während man selbst entsprechend den schnellen Vorstoß

macht. Man versucht, den Partner aus der Wachsamkeitsstellung heraus mit einem leichten Seitwärtsfußtritt zu erreichen, während dieser durch Rückwärtsgehen seinen Abstand zu halten trachtet. Dann vertauscht man die Rollen.
Es ist wichtig, daß man sich nicht überhastet auf den Partner stürzt, sondern ruhig und präzise die Distanz zu überwinden versucht. Man sollte immer mehr und schneller üben, und zwar zwei- bis dreihundert Vorstöße am Tag. Die Beschleunigung kann nur durch diszipliniertes Training gesteigert werden.

Seitliches Ausweichen

Seitliches Ausweichen bedeutet, sich ohne Verlust des Gleichgewichts nach links oder nach rechts zu bewegen. Es ist eine grundlegende und sichere Defensivbewegung, um anzugreifen oder Öffnungen für einen Konter zu schaffen, wenn es der Gegner am wenigsten erwartet. Das Ausweichen mit einem Seitwärtsschritt ist gegen alle gerade nach vorne gerichteten Angriffe wirksam. Außerdem kann man die Pläne des Gegners durchkreuzen, indem man sich bei seinem Angriff einfach zur Seite bewegt.
Um aus einer unorthodoxen (»Linkshänder«) Wachsamkeitsstellung einen Seitwärtsschritt zu machen (Abb. 1), bewegt man den rechten Fuß plötzlich etwas nach vorn und um etwa 50 cm nach rechts (Abb. 2). Der linke oder hintere Fuß liefert den Antrieb, wenn man den Fußballen des rechten Fußes leicht wieder aufsetzt. Für einen Sekundenbruchteil drehen sich auch die Schultern nach rechts, und das Gewicht wird auf den vorderen Fuß verlagert, wobei das Knie gebeugt sein sollte. Die Schultern richten sich automatisch wieder gerade, wenn man den linken Fuß in der vorgeschriebenen Weise heranzieht und die Wachsamkeitsstellung einnimmt (Abb. 3).
Zum Seitwärtsschritt nach links aus einer Linkshänderstellung (Abb. A) bewegt man den linken Fuß etwas nach vorne und etwa 50 cm nach links, wie in Abb. B. Bei dieser Bewegung ist der Körper besser ausgerichtet als bei der Bewegung nach rechts. Somit ist man auch in einem besseren Gleichgewicht. Außerdem ist das Körpergewicht während der Verlagerung gleichmäßiger auf beide Beine verteilt. Der rechte oder vordere Fuß sollte sofort in der vorgeschriebenen Weise folgen, wodurch man wieder in die Wachsamkeitsstellung gelangt, wie in Abb. C. Man kann leicht feststellen, daß der Seitwärtsschritt nach links natürlicher und leichter ist als der nach rechts.

Seitwärtsschritt nach rechts

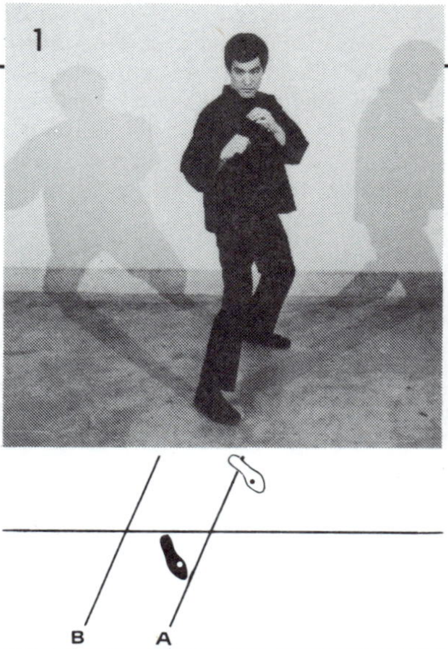

Seitwärtsschritt nach links

2
B
A

3
B
A

B
B
A

C
B
A

Bruce Lee benutzte einen Stab, um seine Beinarbeit zu trainieren. In Abb. A läßt er sich den Stab an den Nacken legen. Anschließend versucht der Partner, den Stab zu genau dieser Stelle zu stoßen, während Bruce Lee diesem Vorstoß ausweicht.

Auf den Abb. B und C stößt der Partner den Stab vor, und Bruce Lee weicht mit einem Seitwärtsschritt nach links aus, wobei er sein Gleichgewicht beibehält und den Partner nicht aus den Augen läßt. Er muß sich schnell und exakt bewegen, um die Stabspitze auszumanövrieren.

Beim Nahkampf oder Infight ist die Fallverlagerung oder der Vorwärtsfall eine ziemlich sichere Position (Abb. D). Hierbei wird der Körper nach vorne und etwas nach links verlagert, wobei der Kopf angezogen und beide Hände oben gehalten werden. Diese Stellung wird verwendet, um in die innere oder äußere Deckungsposition zu kommen und somit in der Lage zu sein, zum Unterleib zu schlagen, einen Aufwärtshaken zu führen, einen Stampftritt zum Spann zu machen oder den Gegner zu werfen. Bei der Vorwärtsverlagerung kann man sich direkt nach links, rechts oder hinten bewegen, wobei man immer den selben Schritt verwendet. Die Wahl hängt von der Strategie und dem momentan benötigten Maß an Sicherheit ab.

Gegen einen rechtshändigen Kämpfer wird man seitlich nach rechts oder von seiner hinteren Hand weg ausweichen. Gegen einen Linkshänder bewegt man sich umgekehrt,

meist nach links. Die Kunst des Ausweichens zur Seite liegt nicht darin, sich frühzeitig zu bewegen, sondern im letzten Moment, aber schnell, kurz bevor der Schlag auftreffen würde.
Bei fast allen Bewegungen besteht die erste Phase darin, daß sich der Fuß in die Richtung bewegt, in die man gehen will. Wenn man also einen Seitwärtsschritt nach rechts ausführen will, bewegt sich zuerst der rechte Fuß in diese Richtung. Beim Seitwärtsschritt nach links, bewegt sich der linke Fuß zuerst.
Um sich schnell bewegen zu können, sollte sich der Körper kurz vor der tatsächlichen Ausführung des Schritts in die beabsichtigte Richtung neigen.
Im Jeet Kune Do soll mit der Beinarbeit erreicht werden, daß alle Bewegungen energiesparend, schnell und wirkungsvoll erfolgen. Man bewegt sich gerade so viel, daß man dem Angriff des Gegners entgeht und verleitet ihn gleichzeitig, sich zu verausgaben. Man sollte nicht wie ein aufgeregter Boxer auf den Zehenspitzen herumtänzeln und Kräfte verschwenden.
Im Training steht man natürlich, leicht und bequem, damit die Muskeln gut eingespielt sind. Man sollte an sich den Unterschied zwischen wahrem und andressiertem Wohlbefinden erkennen und sich nicht angespannt und verkrampft fühlen, sondern flexibel und gut vorbereitet.

Entwicklung der Kraft

Kraft beim Schlagen beruht nicht ausschließlich auf Stärke. Wie oft kann man einen Boxer beobachten, der nicht muskulös ist, aber eine Menge »Pfeffer« hinter seinen Schlägen hat. Dagegen gibt es das Muskelpaket von Boxer, der aber nie jemanden k.o. schlagen kann. Dies kommt daher, daß die dafür benötigte Kraft nicht durch die zusammenziehenden Muskel erzeugt wird, sondern durch die Triebkraft und Schnelligkeit der Arme oder der Beine. Bruce Lee, der nur 59 kg wog, konnte härter schlagen als ein doppelt so schwerer Mann, da seine Schläge viel explosiver und schneller waren.

Beim Jeet Kune Do schlägt man nicht nur durch den Schwung der Arme. Der ganze Körper ist an der Beschleunigung beteiligt – Hüften, Schultern, Beine und Arme. Die Triebkraft des Schlages sollte in einer geraden Linie der Nase nach verlaufen (Abb. 1). Der Schlag kommt nicht aus der Schulter, sondern von der Mitte des Körpers.

In Abb. 2 landet die Faust zu weit auf der linken Körperseite, wodurch die rechte Seite einem Gegenangriff ohne Deckung preisgegeben ist und zu wenig Zeit für eine wirksame Abwehr bleibt. In Abb. 3 wird der Schlag nur aus der Schulter geführt und hat deshalb zu wenig Kraft. In dieser Position ist man zu starr, um die Bewegung von Körper und Hüfte ausnutzen zu können.

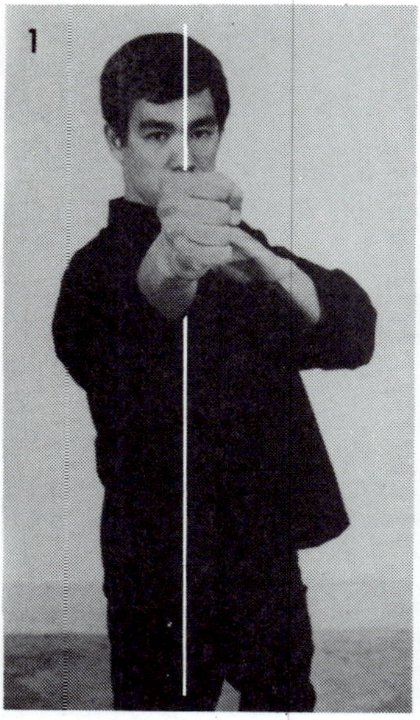

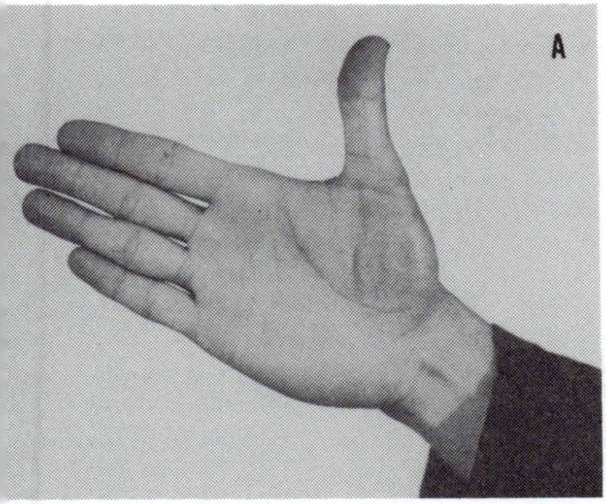

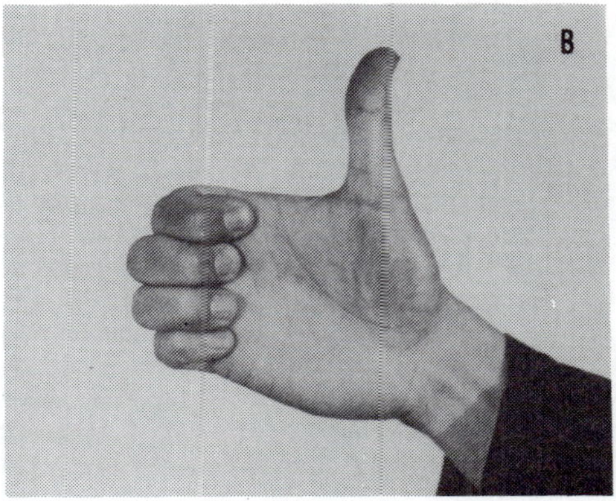

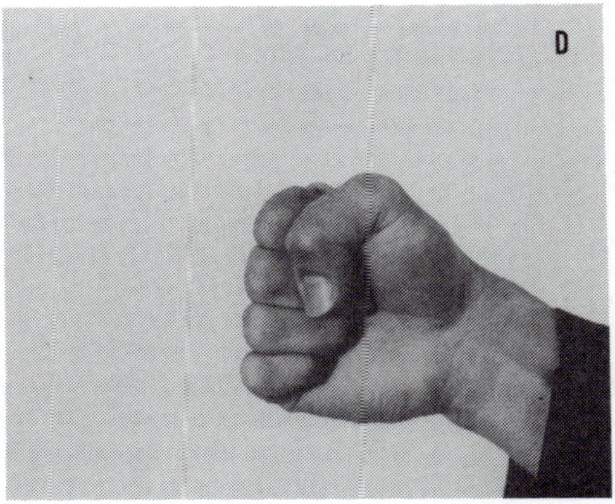

Kraft beim Schlagen

Geradlinige Schläge oder Tritte bilden die Grundlage der Kampfkunst. Diese moderne Konzeption der Sportwissenschaft basiert auf dem Wissen um die Hebelverhältnisse und ihr Zusammenwirken beim menschlichen Körper. Ein allein mit dem Arm geführter Schlag kann nicht genügend Kraft erzeugen. Deshalb dienen die Arme eigentlich nur der Übertragung jener Kraft, mit der der Körpereinsatz hinter dem Schlag steht. Zum kraftvollen Schlagen muß der Körper im Gleichgewicht sein und mit dem vorderen Fuß ausgerichtet eine gerade Linie bilden. Dieser Bereich des Körpers bildet die Hauptstütze und funktioniert als Achse, über die die Kraft erzeugt wird.
Bevor man kraftvoll schlagen kann, muß man zunächst einmal das richtige Ballen der Faust lernen, da man sich sonst leicht verletzen kann. Man biegt die Finger Glied um Glied zur Handinnenfläche, wie in den Abb. A, B und C gezeigt wird. Abschließend wird dann der Daumen fest über die geballten Finger geführt. Die Daumenspitze reicht bis zur Mitte des Mittelfingers (Abb. D).

Es gibt mehrere Trainingsmethoden, um die Kraft beim Schlagen zu fördern. Eine der besten Methoden ist, den Einsatz der Hüften zu lernen. Dafür sollte man ein Blatt Papier von ca. 20 x 30 cm Größe mit einer Schnur an der Decke befestigen und es bis auf Brusthöhe herabhängen lassen.
In einer Entfernung von etwa 20 bis 25 cm steht man nun vor dem Blatt, wobei beide Beine parallel zu diesem Ziel sind. Dann dreht man den Körper auf den Fußballen so weit wie möglich im Uhrzeigersinn, wobei beide locker geballten Fäuste vor der Brust gehalten werden und die Ellenbogen frei herunterhängen. Beide Knie müssen leicht gebeugt werden, damit sich der Körper voll eindrehen kann. Nun sollte der Körper nach rechts zeigen, in einem Winkel von 90 Grad zum Ziel. Das Gewicht kommt hierbei auf den linken Fuß. Bei diesem ganzen Vorgang müssen die Augen aber immer auf das Ziel gerichtet bleiben. Man dreht dann auf den Fußballen ein, wobei die Hüften diese schnelle Drehbewegung einleiten. Das Gewicht wird dadurch schnell auf den anderen Fuß verlagert, während die Schultern automatisch in ihrer Drehbewegung den Hüften folgen. Gleichzeitig wird während dieser Körperdrehung der rechte Ellenbogen auf Schulterhöhe angehoben, damit man im genau richtigen Zeitpunkt einen Ellenbogenstoß zum Ziel ausführen kann. Es ist hierbei wichtig, daß die Hüften immer etwas vor den Schultern gedreht werden, um die höchstmögliche Kraft zu erzeugen. Dieser Bewegungsablauf wird links und mit dem linken Ellenbogen wiederholt.
Wenn man einmal Körperbeherrschung gelernt hat und mit dieser Übung vertraut ist, kann man dazu übergehen, die Fäuste zu nehmen. Man stellt sich in einem Abstand von etwa 50 bis 60 cm zum Ziel auf, bleibt in der vorschriftsmäßigen Körperhaltung und führt einen geraden Schlag zum Ziel. In diesem Moment sollte der Körper richtig ausgerichtet sein und sich fließend bewegen, wobei die Drehbewegung mit den Hüften eingeleitet wurde. Dadurch sollte sich die Schlagkraft um 80 bis 100 Prozent erhöht haben.
Schließlich sollte man den linken Fuß nach vorne und den rechten nach hinten (orthodoxe Stellung) setzen, um den Körper auch nach der Ausführung der Drehbewegung im Gleichgewicht zu halten. Man dreht aus dieser Stellung den Körper im Uhrzeigersinn, bis die Schultern mit dem Ziel einen Winkel von 90 Grad bilden. Der vordere Fuß ist etwa 40 cm vom Ziel entfernt. Nun ruht das Gewicht zum größten Teil auf dem hinteren Bein, wobei beide Beine im Knie leicht gebeugt sind. Wird dann die Drehbewegung über die Hüften eingeleitet, dreht man über beide Fußballen. Der Körper wird durch die Triebkraft des hinteren Beins nach vorne gebracht. Bei der Ausführung des Schlags wird die hintere Ferse abgehoben, wenn sich das Gewicht blitzartig auf den vorderen Fuß verlagert. Am Ende dieser Bewegung ist das hintere Knie fast gestreckt und die hintere Ferse fast völlig abgehoben. Der Körper sollte dann dem Ziel genau gegenüberstehen. Diese Bewegung gleicht der eines Baseball-Spielers, der seinen Schläger mit aller Kraft schwingt.
Sobald man einmal diese Art zu schlagen begriffen hat, kann man zur Vervollkommnung der kraftvollen Schläge am Sandsack übergehen, wie in Abb. A. Hier verwendet Bruce Lee einen Ellenbogenstoß zur Entwicklung der Hüftbewegung, dann später Fauststöße (Abb. B).
Die letzte Stufe bei der Entwicklung der Schlagkraft ist, die Stellung der Beine umzukehren und sich wieder in die Wachsamkeitsstellung zu bringen, bei der das rechte Bein vorne steht. Man bringt das Gewicht für einen kurzen Augenblick etwas auf das hintere Bein, wobei beide Knie leicht gebeugt sind und die hintere Ferse abgehoben ist. Das Gewicht sollte weniger als eine Sekunde lang in dieser Stellung bleiben, da man nun die Hüften entgegen dem Uhrzeigersinn eindreht und das Gewicht vor der Ausführung des Schlags auf das vordere Bein verlagert. Dieser gerade Schlag mit der Führhand hat nicht ganz so-

viel Kraft wie andere Schläge, bei denen eine freiere und größere Hüftdrehung möglich ist. Beherrscht man diesen Schlag jedoch bei richtigem Timing der Hüftdrehung, ist er viel wirksamer als ein Jab (gerader Stichschlag) und beim Kampf und Sparring sehr erfolgreich einzusetzen. Dieser Schlag kann sich zur besten und zuverlässigsten Waffe entwickeln. Alle vor dem Papierziel geübten Schlagtechniken lassen sich zur Entwicklung von Kraft auch gegen festere Ziele üben.

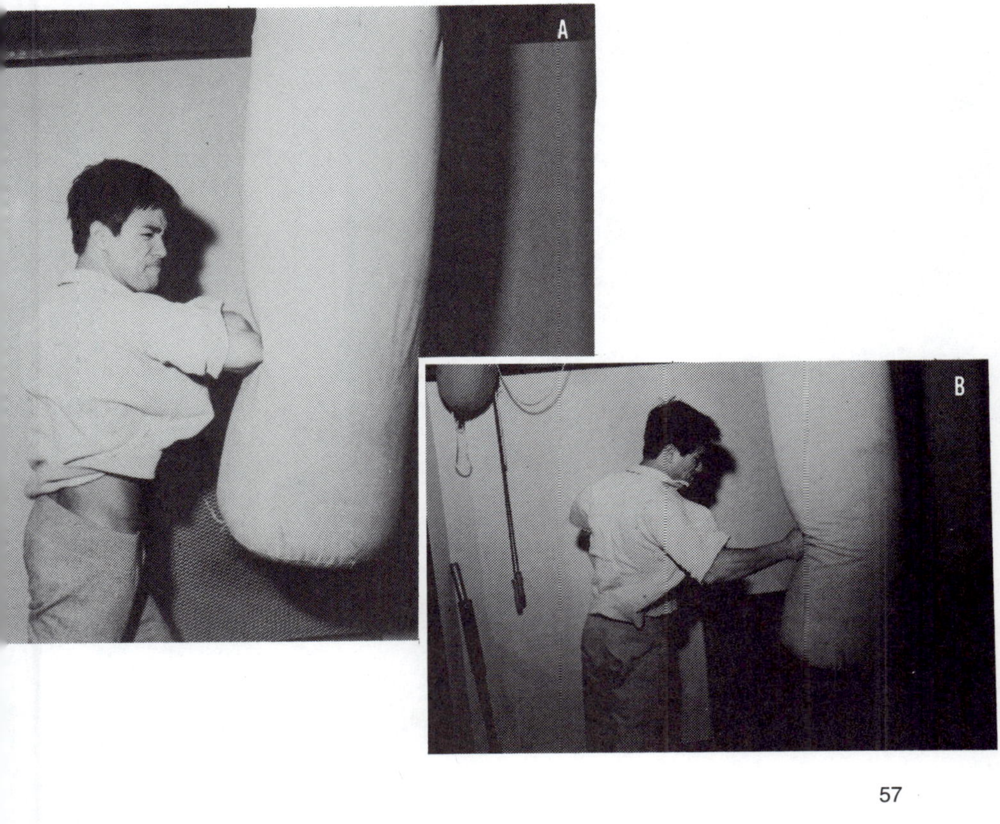

1

2

A

B

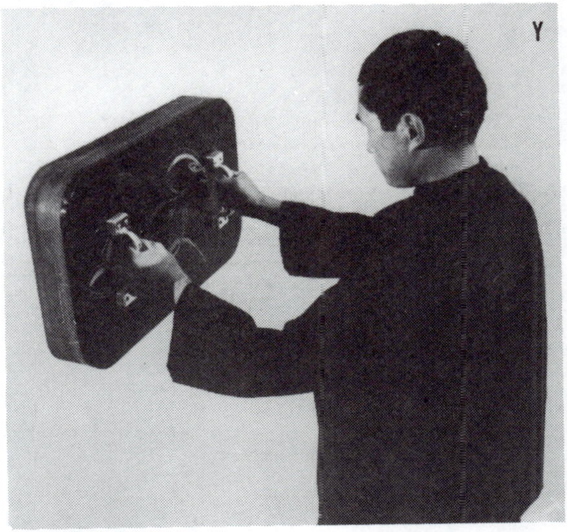

Bruce Lee konzentrierte sich bei seinem täglichen Training stark auf den geraden Schlag mit der Führhand, wobei er verschiedene Geräte benutzte. Auf den Abb. 1 und 2 verwendet er ein Schlagpolster. Manchmal nahm er seine Hände zurück, um einen noch stärkeren Schlag führen zu können, wie es in Abb. A und B dargestellt wird.
Ein weiteres Trainingsgerät war der leichte Schlagschild (Abb. X und Y). Bruce trainierte gerne mit verschiedenen Schlagvorrichtungen, weil er immer sagte: »Ich kenne das eigentliche Gefühl beim Schlagen eines Menschen nicht im voraus. Zuerst einmal hat jeder Teil des menschlichen Körpers eine andere Struktur. Man kann entweder eine harte, knochige Partie oder eine weiche, fette Partie treffen. Dann ist es ein Unterschied, ob man mit Handschuhen oder mit bloßen Knöcheln trifft. Außerdem ist das Schlagen mit bloßen Knöcheln bei Trainings-Partnern nicht angebracht.«
Der Schlagschild gibt einem beim Auftreffen ein anderes Gefühl. Da der Schild fester als das Schlagpolster ist, der Träger fester steht und mit beiden Händen das Ziel hält, gibt er nicht so leicht nach wie das Polster.

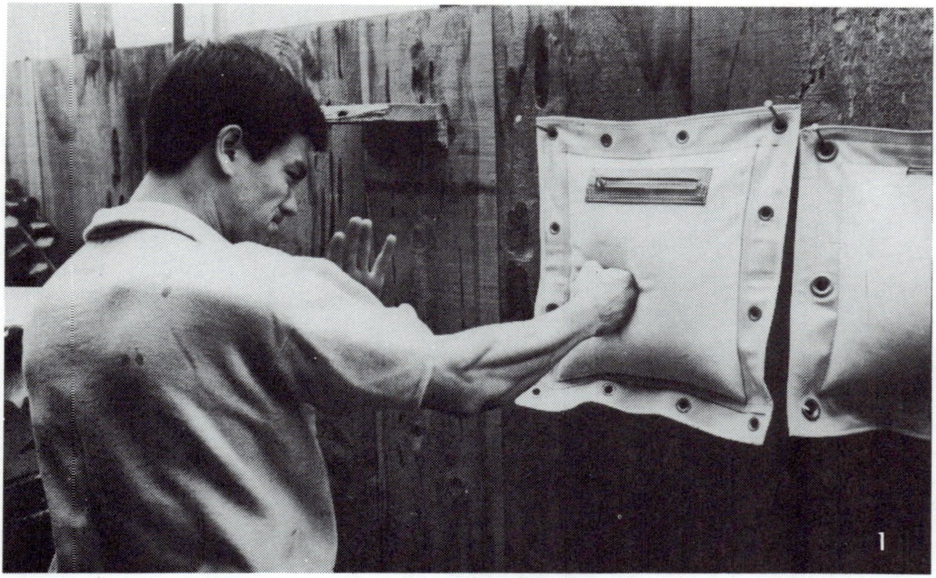

Zum Trainieren eines noch festeren Schlags benutzte Bruce Lee ein Schlagkissen aus Segeltuch, wie in Abb. 1 gezeigt. Normalerweise hingen drei verschiedene Schlagkissen bei ihm an der Wand. Das erste war mit Sand gefüllt, das zweite mit Kies oder Bohnen und das dritte mit Metallspänen. Anfangs empfiehlt es sich, bei schweren Sandsäcken aus Segeltuch oder bei den Schlagkissen leichte Boxhandschuhe zu tragen. Man muß zuerst die Knöchel abhärten, bevor man mit der bloßen Faust trainieren kann.

Im Jeet Kune Do werden Schläge nicht wie in den klassischen Kampfsportarten ausgeführt. Anstatt nur mit den Knöcheln von Zeige- und Mittelfinger wird hier mit drei Knöcheln geschlagen (Abb. 2). Außerdem werden die Schläge nicht von der Hüfte aus eingeleitet, sondern von der Brust aus. Diese beiden unterschiedlichen Einleitungen sind in Abb. A dargestellt. Die Ausführung des Schlags erfolgt dann beim Jeet Kune Do in gerader Linie und nicht mit einem Eindrehen der Faust. Beim Eindrehen liegen die Knöchel beim Auftreffen horizontal, bei der geraden Ausführung des Schlags treffen sie das Ziel entweder vertikal oder schräg (Abb. 2).
Außer dem Training mit den an der Wand aufgehängten Segeltuchschlagkissen kann man seine Hände auch abhärten, indem man eine Sand- oder Kieselkiste verwendet (Abb. C). Eine weitere Übung sind Liegestützen mit geballten Fäusten. Man setzt dazu die drei erwähnten Knöchel auf einen harten Boden, wobei die Handflächen gegenüberstehen sollen. Dies ist eine sehr gute Übung für Anfänger, da hierbei die Knöchel ohne Verletzungsgefahr allmählich abgehärtet werden.

A

B

C

Steht man in der »Linkshänder«- oder Jeet Kune Do-Wachsamkeitsstellung, so ist es offensichtlich, daß man – im Vergleich zu einem Rechtshänder – bei der rechten oder Führhand ziemlich viel an Schlagkraft einbüßt. Da man hier seine Hand nicht weiter zurückziehen kann, fehlt der zur Ausführung eines kraftvollen Schlags benötigte Platz. In diesem Fall wird die Kraft jedoch durch Schnelligkeit ersetzt. Zum Ausgleich übernimmt die linke oder hintere Hand diese Aufgabe.

Ist man von Natur aus Rechtshänder, scheint einem das Schlagen mit links am Anfang ziemlich ungewohnt und ungelenk. Man glaubt, man sei nicht richtig im Gleichgewicht und schlage mit dieser Hand schwach, langsam und ungenau. Aber durch beständiges Üben bei nach vorne gesetztem rechten Fuß, wie in Abb. A dargestellt, und durch exakte Wiederholung dieser Übung mit Beinwechsel wird man auch für die linke Hand eine gute Schlagkraft erreichen können.

So entwickeln sich dann die Gerade und der Cross mit der hinteren Hand mit zu den stärksten Körperwaffen, die für Niederschläge unerläßlich sind. Man übt so lange mit der linken Hand, bis die Bewegungen in Fleisch und Blut übergegangen sind.

Eines der nützlichsten und zugleich einfachsten Geräte, mit dem Bruce Lee täglich trainierte, war der runde Stahlzylinder. Dieser Zylinder, der etwa ein Pfund wiegt, paßt bequem in die Hand. Man kann mit ihm schnell die Ausführung seiner Schlagtechniken verbessern, indem man die folgende Übung ausführt: Man hält in jeder Hand einen dieser Zylinder, steht mit beiden Beinen parallel und schlägt dann mehrere Mal gerade von der Nase weg. Dahinter steht die Absicht, die schnappenden oder peitschenden Schläge zu entwickeln. Hält man Arme und Körper entspannt, bemerkt man, daß die Schläge nach Beendigung ganz automatisch zurückschnappen.

Dieses Training erfüllt einen zweifachen Zweck, denn es entwickelt Schnelligkeit und Kraft. Nach einer gewissen Zeit kann man dann auch kraftvoll schlagen, ohne daß man die Gewichte in den Händen hält. Das Geheimnis ist, daß man sich nur konzentrieren oder sich einreden muß, daß die leeren Hände immer noch die Zylinder halten, wenn man einen Schlag ausführt.
Führt man harte Schläge aus, dann kann man dabei ganz leicht die schlechte Angewohnheit entwickeln, die Schultern aus der Leitlinie zu bringen, so daß immer nur eine Schulter bei der Ausführung eingesetzt ist. Die Ausrichtung der Schulter kann sehr leicht gestört werden, wodurch bei der Ausführung einer Technik ein Kraftverlust eintritt.
Um eine gute Koordination zwischen den Schultern aufrechtzuerhalten, verwendete Bruce Lee beim Training einen Stab (Abb. 1 und 2). Diesen Stab hielt er mit weit ausgestreckten Armen im Nacken. Beim Drehen des Körpers in alle Richtungen bleiben die Schultern bei allen Bewegungen immer in der richtigen Ausrichtung.
Nachdem man für eine Zeitlang mit den Zylindergewichten geübt hat, wird man feststellen, daß die Schläge auch ohne die Gewichte mehr Durchschlagskraft bekommen haben. Das führt zu der Erkenntnis, daß der Geist die Körperstärke beeinflußt. Diese zusätzliche Stärke ist es, die Bruce Lee mit »fließender Energie« bezeichnete (»Ki« im Aikido oder »Chi« im Tai Chi Chuan). Was man nun spürt, ist der Anfang von fließender Energie. Es gibt verschiedene Übungen, um diese Energie noch zu verstärken.

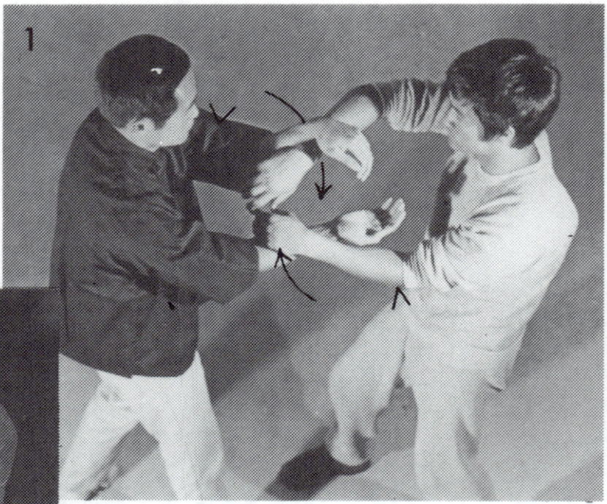

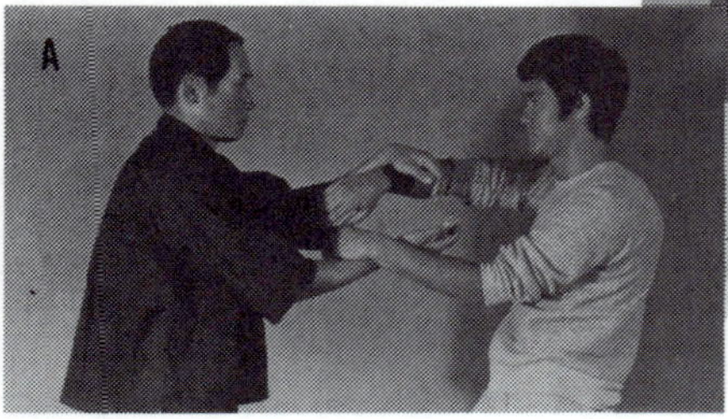

Eine der besten Übungen hierfür, die auch zum festen Bestandteil im täglichen Training werden sollte, ist »Chi Sao«, wie im Kapitel über Gleichgewicht bereits kurz beschrieben. Man hält bei der Ausführung von Chi Sao Körper und Arme entspannt, wie es in Abb. 1 (Ansicht von oben) und A (Ansicht von der Seite) gezeigt wird. Wenn das Handgelenk (Zeichnung A) das Handgelenk des Partners berührt, sollte man genügend Kraft in die Hände legen, um die Arme vor- und zurückrollen zu können. In den folgenden Abb. 1 bis 6 zeigt Bruce Lee, wie die Arme gerollt werden müssen. Pfeile verdeutlichen jeweils die Bewegung der Hände. Die Ellenbogen liegen beim dauernden und weichen Rollen vor dem Körper.

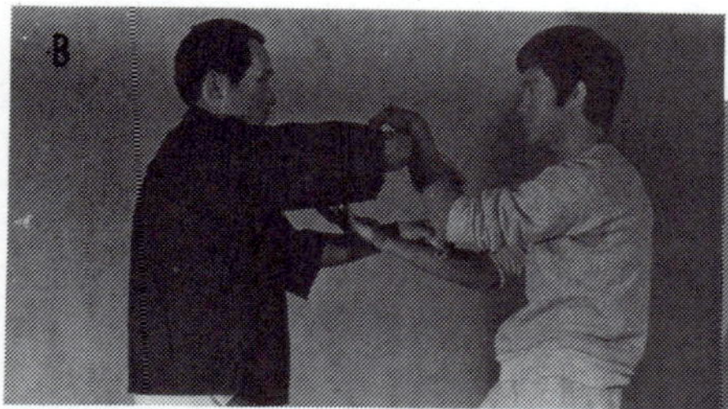

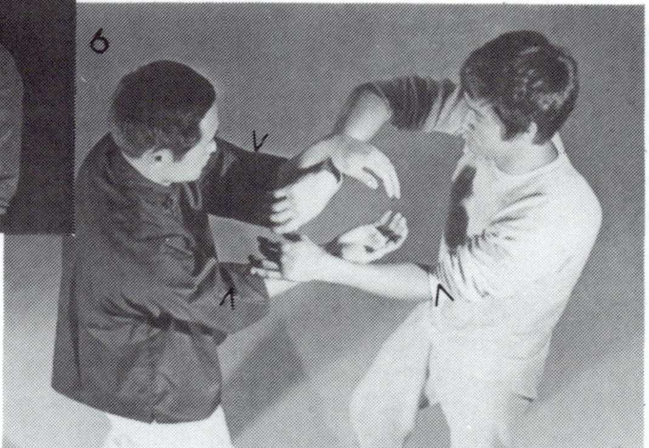

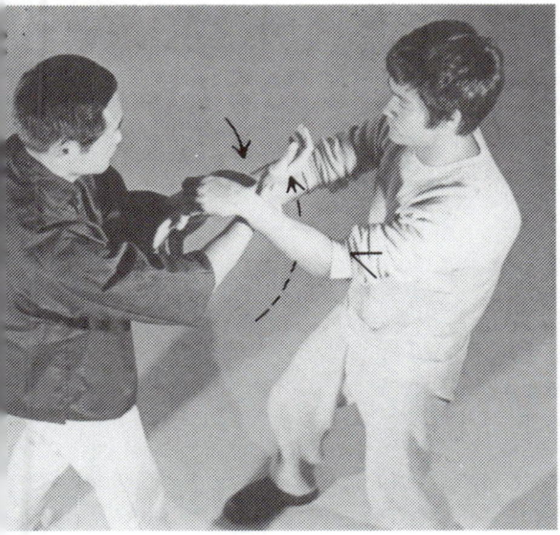

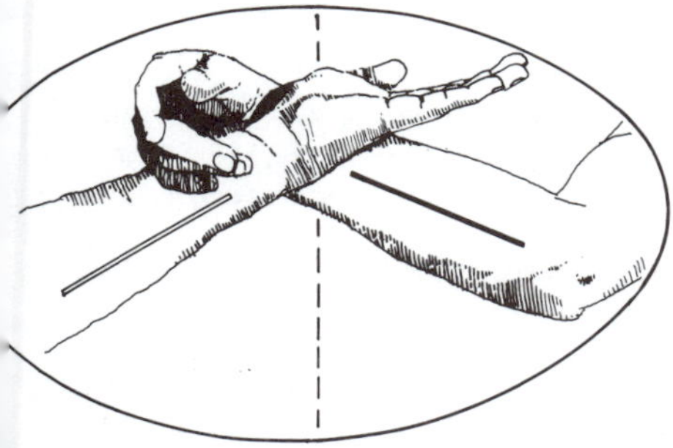

Zeichnung A

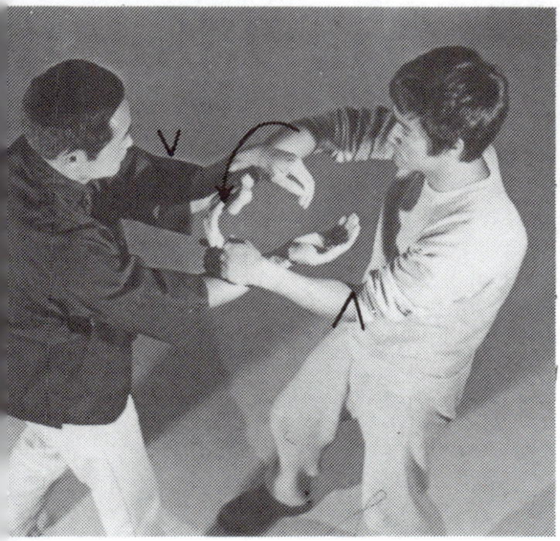

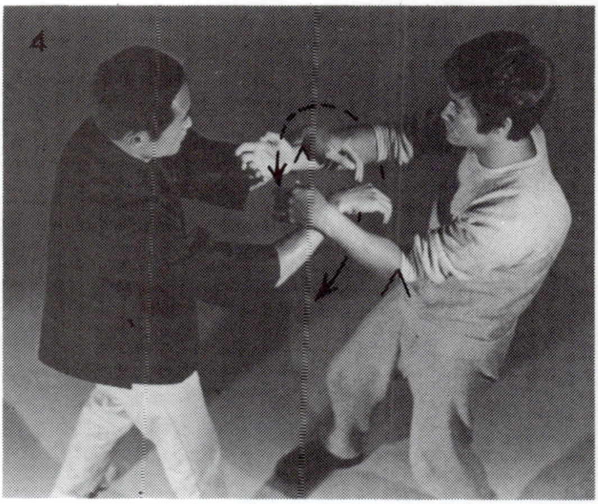

Die Rollbewegung ist nicht das Wesentliche beim Chi Sao. Es kommt vielmehr auf das Fließen der Arme an. Am Anfang dreht es sich nicht so sehr darum, gegen die Stärke des Partners anzukämpfen, sondern um konzentriert ein Gefühl für diese Energie zu entwickeln. Versucht man den Partner nach rückwärts wegzuschieben, dann entgeht einem der Sinn des Chi Sao. Durch die zu kraftvolle Bewegung werden die Arme angespannt, und die Schultern sind infolgedessen nicht mehr locker. Man verliert das richtige Gleichgewicht und ersetzt die fließende Energie durch bloße Stärke.
Die Energie muß von der Körpermitte her fließen und nicht von den Schultern ausgehen. Dazu stellt man sich am besten vor, daß Wasser durch die Arme wie durch Schläuche fließt, wobei der Zufluß in der Mitte des Körpers, etwa in der Nabelgegend liegt. Dadurch fühlt man die Unterseiten der Arme schwer werden. Man hält die Finger dabei locker und ausgestreckt, als ob das Wasser aus den kleinen Fingern flösse.
Wenn beide Partner die gleiche Menge Energie und Wasser über ihre Arme abgeben, wird keiner den anderen zurückdrängen. Die Bewegung ist dann ständig, gleichmäßig und rhythmisch. Jeder Partner fühlt die Arme des anderen als beweglich, gleichzeitig aber fest. Die Arme sehen schwach aus, sind jedoch genau das Gegenteil. Die Ellenbogen sollten unbeweglich sein – sie sollten nicht wieder bis zum Körper zurückgedrängt werden können. Die nachgiebigen Arme können von Seite zu Seite bewegt werden, aber nicht zum Körper hin. Je geschickter und wirksamer man Chi Sao ausführt, desto geringer wird der Durchmesser der Rollbewegungen, als ob das durch die Arme fließende Wasser nun in alle Äderchen eindringe.
Chi Sao ist ein wichtiger Bestandteil des Jeet Kune Do, da die wirksame Anwendung seiner Techniken auf der Lockerheit von Armen und Körper beruht. Diese Übung ist die beste Methode, das Fließen der Energie zu entwickeln, so daß man immer entspannt und locker ist und dabei jedoch keine Kraft vergeudet.
Um zu prüfen, ob die Energie fließt, läßt man den Partner seine Hand zu sich hin ausstrekken und führt von oben einen Schlag gegen die Hand aus. Zuerst schlägt man normal, dann aber mit fließender Energie – man konzentriert sich auf die Schwere der Hand, hält den Arm locker und bringt das Gewicht an die Unterseite des Arms. Man klärt den Partner nicht über die Absicht auf, sondern fragt ihn nach jedem Schlag, ob er einen Unterschied spürt. Ist dies der Fall, dann führt man unterschiedlich Schläge normal und mit fließender Energie aus, und läßt sich nach jedem Schlag vom Partner sagen, welcher seiner Meinung nach kraftvoller war. Wenn dann die Schläge mit fließender Energie kraftvoller sind, ist klar, daß sie richtig ausgeführt sind. Findet man zu diesem Test keinen Partner, dann läßt sich das ganze auch an der eigenen Hand ausprobieren.
Der unglaubliche »1-inch-Schlag« (1 inch = 2,54 cm), in den Abb. 1, 2 und 3 dargestellt, mit dem Bruce Lee bei Vorführungen das Publikum jedesmal in Erstaunen versetzte, war nur durch den wirksamen Einsatz von Hüften, fließender Energie, Durchschlagskraft und durch richtige Ausführung möglich. Seine Faust war dabei vertikal und im Handgelenk gespannt (Abb. A). Die Faust wurde beim Auftreffen plötzlich nach oben gewinkelt, wie in Abb. B gezeigt. Dieser Schlag mit vertikaler Faust wird nur auf sehr kurzer Distanz (etwa 8 cm oder weniger) zum Ziel eingesetzt. Versucht man diesen Schlag auch über eine längere Distanz zu führen, dann kommt das Timing beim Auftreffen durcheinander.

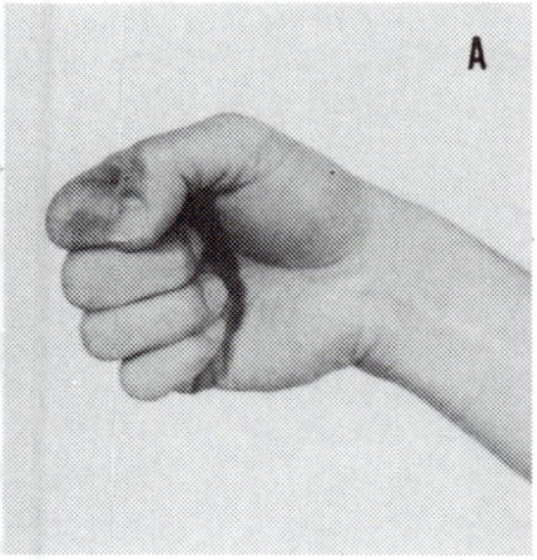
A

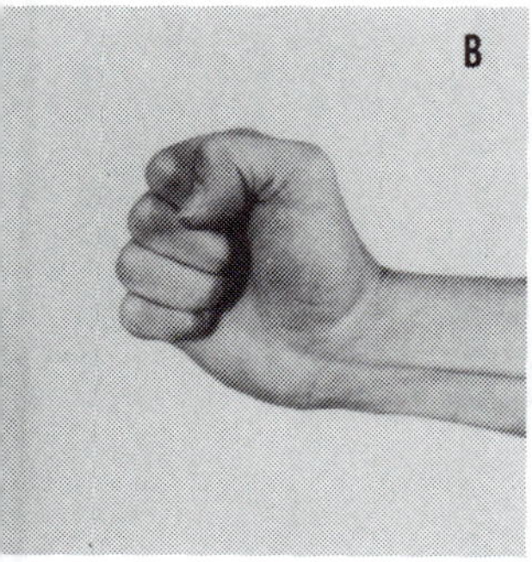
B

1

2

3

Es gibt noch andere Wege, um die Kraft der fließenden Energie zu verstärken. Einer davon läßt sich auch beim Autofahren ausführen. Man legt dabei die Arme so an das Lenkrad, als würde man Chi Sao trainieren, und übt dann über die Arme Druck aus. In Abb. A sieht es so aus, als mache Bruce Lee isometrische Übungen, während er in Wirklichkeit seine Arme gegen die Stange drückt und dabei seine Energie fließen läßt. Es ist sehr günstig, daß man das Fließen der Energie überall dort üben kann, wo man auf einen oder beide Arme Druck ausüben kann.

Viele, die den 1-inch-Schlag versuchen, können zwar den Partner zu Boden stoßen, bringen dies jedoch nicht durch einen tatsächlichen Schlag, sondern nur durch ein Schieben und Stoßen zustande. Man kann dem Gegner aber durch Schieben nichts tun. Die Kunst des Schlagens ist kein Schieben. Beim Schlagen wird das höchste Kraftmoment im Augenblick des Auftreffens freigesetzt, während die Kraft bei schiebenden Stößen im Moment der Einleitung beginnt und im allgemeinen verpufft ist, wenn der Arm schließlich ganz ausgestreckt ist. Das Schlagen erfolgt über die Drehung der Hüften, das schiebende Stoßen durch Drücken mit dem hinteren Bein, wodurch der Körper nach vorne getrieben wird.

Beim Trainieren von Schlägen – insbesondere am schweren Sandsack – sollte man durch das Ziel hindurch schlagen. Man wird feststellen, daß man dabei eine tiefere und stärkere Durchdringungskraft entwickelt, als wenn man sich nur auf die Oberfläche konzentriert. Das »Durchziehen« bedeutet eine beständige Beschleunigung des Schlags zum Ziel. Das Kraftmoment hört jedoch nicht im Augenblick des Auftreffens auf, sondern geht durch das Ziel hindurch weiter. Man schlägt nicht »auf« den Gegner, sondern durch ihn »hindurch«. Nach diesem »Hindurchschlagen« sollte die Hand so schnell wie bei der Vorwärtsbewegung wieder zurückgeschnellt werden.
Die Schläge werden nicht mit drehenden Bewegungen geführt, sondern gerade. Die Faust wird erst kurz vor dem peitschenartigen Auftreffen richtig geballt. Um noch zusätzliche Kraft einzusetzen, kann die freie hintere Hand im Moment des Auftreffens blitzartig und koordiniert an den Körper herangezogen werden.
Macht man zur Ausführung eines Schlags einen Schritt, sollte die Faust auftreffen, bevor der Fuß wieder auf dem Boden aufgesetzt wird, denn sonst absorbiert der Boden den Körperschwung, und er liegt nicht hinter dem Schlag. Die Aktion muß von den Hüften und Schultern eingeleitet werden, bevor der Arm eingesetzt wird, um so einen schnellen, genauen und kraftvollen Schlag führen zu können. Obwohl die Beinbewegungen noch zusätzlich zur Kraft des Schlags beitragen, kann man einen Gegner auch ohne die Ausführung von Schritten oder übermäßigen Bewegungen niederschlagen, wenn der Schlag genau richtig sitzt.
Ein kraftvoller Schlag hängt von den Hebelverhältnissen und vom Timing ab. Das richtige Timing ist für einen kraftvollen Schlag absolut erforderlich, denn ohne dies geht die Aufschlagskraft während der Ausführung verloren, und der Schlag kommt zu früh oder zu spät ins Ziel.

Kraft beim Greifen und Ziehen

Obwohl Bruce Lee zuerst Wing-Chun Kung-Fu studierte, fügte er diesem so viele neue Techniken hinzu, daß sein Jeet Kune Do kaum etwas mit dem herkömmlichen Kung-Fu gemeinsam zu haben scheint. Er verwarf jedoch nicht alle Techniken des Wing-Chun, sondern behielt einige bei, veränderte sie aber gleichzeitig so stark, daß sie kaum noch als die ursprünglichen Techniken zu erkennen sind.
Zu den zwei Techniken, die er auch weiterhin übte, gehören »Lop Sao« (Ergreifen der Hand) und »Pak Sao« (Blocken und Schlagen), die er vor allem nach dem Üben von Chi Sao ausführte. Er mußte diese beiden Techniken ändern, da sich die Partner im Wing-Chun mit gerade ausgerichteten Beinen parallel gegenüberstehen. Beim Jeet Kune Do stehen beide Partner jedoch in der Wachsamkeitsstellung mit einem Fuß nach vorne, so daß die Hände beim Ausstrecken eine andere Position haben.

A

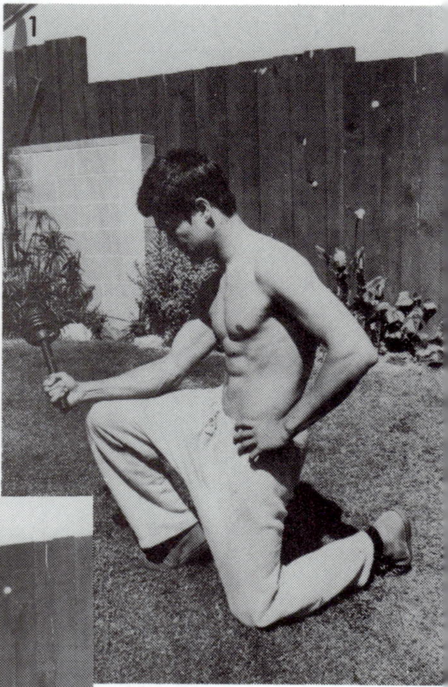
1

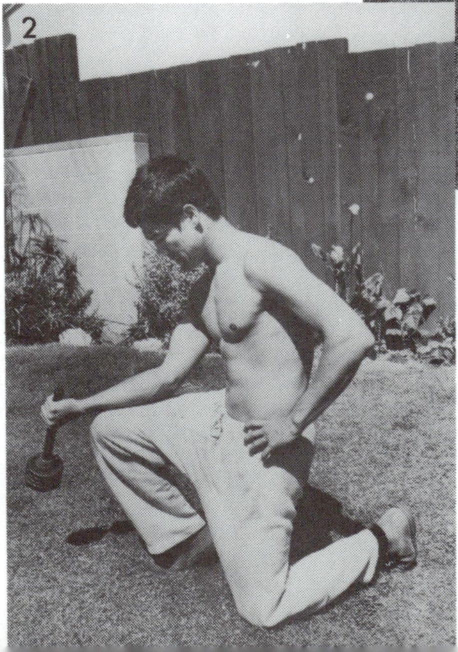
2

Bruce Lee war der Meinung, daß er seine Kraft durch ein gezieltes Gewichtstraining noch steigern könnte. Er wählte sich die entsprechenden Übungen jedoch sehr sorgfältig aus. Deshalb vermied er Übungen, die zwar die Muskeln entwickelten, seine Leistungen beim Kampf oder Sparring aber möglicherweise beeinträchtigten.
Außer auf seine Bauchmuskeln konzentrierte sich Bruce Lee stark auf die Unterarmmuskeln, da er fühlte, daß es beim Schlagen und Ziehen, wie beim Lop Sao, ganz besonders auf diese Muskeln ankommt. Zu seinen Übungen gehörte auch das umgekehrte Armkreisen mit Gewichten. Um den größtmöglichen Nutzen daraus zu ziehen, umwickelte er die Stange noch mit einem Schwamm, so daß das Greifen sehr schwierig war, wenn er seine Hände über den Schwamm legte. Bei der Ausführung dieser Übung kam es ganz auf seine Unterarmmuskeln an, um die Gewichte auf Brusthöhe zu bringen.
Eine weitere Unterarmübung war das umgekehrte Armausstrecken. Anstatt die Arme zu drehen, hob er die Gewichte gerade vor sich in die Höhe. Bei voll ausgestreckten Armen hielt Bruce Lee dann die Gewichte so lang wie möglich auf Brusthöhe.
Außerdem hielt er einen Gummiball in der Hand und drückte ihn zusammen. Zusätzlich arbeitete er mit dem in den Abb. 1 und 2 gezeigten Handgelenkroller. Dabei entfernte er das Gewicht der einen Hantelseite und drehte das Handgelenk vor und zurück.
Bruce Lee entwickelte eine derartige Stärke in seinen Armen, daß der Kopf seines Partners nach hinten schnappte, wenn er ihn zu sich hinzog. Die Kraft beim Ziehen steigerte sich durch Lop Sao üben an der im Wing-Chun gebräuchlichen Holzpuppe, wie es in Abb. A gezeigt wird. Neben dem Training der Unterarmmuskeln härtete Bruce Lee auch seine Arme ab, indem er sie gegen die Holzarme der Puppe schlug.
Beim Training mit Gewichten sollte man aber immer darauf achten, daß man auch Übungen zur Entwicklung von Schnelligkeit und Beweglichkeit einbaut. Ein schwerfälliger Gewichtheber mit viel Kraft, aber ohne Beweglichkeit, täte sich schwer, seinen Gegner zu treffen. Er würde wie ein Nashorn wirken, das ein Kaninchen einkreisen will.

Kraft beim Treten

Beintechniken haben verschiedene Vorteile. Zuerst einmal ist das Bein viel stärker als der Arm. So sind richtig ausgeführte Tritte die stärksten und vernichtendsten Techniken, die man ausführen kann. Zum zweiten ist das Bein länger als der Arm, so daß man zuerst mit dem Fuß angreift, worauf normalerweise der Schlag folgt. Drittens ist das Abblocken eines Tritts sehr schwer, vor allem, wenn er zu den unteren Zielgebieten wie Schienbein, Knie und Unterleib geführt wird.

1

2

3

Leider nutzen die meisten Kampfsportler nicht diese Vorteile. Sie führen zwar Tritte aus, meist jedoch kraftlos. Sie verwenden zu kurze, »flatternde« Tritte oder zu lange, »stangenförmige« Tritte, wie es die Abb. 2 und 3 verdeutlichen. Bei den »flatternden« Tritten ist das Gewicht nicht hinter dem Tritt, bei den »stangenförmigen« Tritten ist der Körper zu sehr aus dem Gleichgewicht.

Bruce Lees Stärke war sein Seitwärtstritt (Abb. A), der etwas vom klassischen Seitwärtstritt abweicht. Bei der klassischen Ausführung hat der Seitwärtsfußstoß Kraft, aber keine Schnelligkeit. Der geschnappte Seitwärtstritt ist schnell, hat jedoch keine Kraft. Beim Seitwärtstritt im Jeet Kune Do wird das Schnappen und das Stoßen dieser beiden klassischen Tritte kombiniert, so daß es zu keinem Verlust an Schnelligkeit oder Kraft kommt. Bruce ließ beim Training ein 5 cm starkes Brett aus Schulterhöhe herabfallen und zerschmetterte es mit einem Tritt in zwei Teile, ehe es den Boden erreichte. Wäre sein Tritt nur kraftvoll, aber nicht schnappend gewesen, hätte es das Brett ohne Zerbrechen nur durch die Luft geschleudert. Wäre sein Tritt jedoch nur schnappend, aber nicht kraftvoll gewesen, hätte er das Brett nicht zerbrochen, denn ein 5 cm starkes Brett ist zu dick, als daß man es mit einen Schnapptritt ohne Unterlage zertrümmern könnte.

Für den Seitwärtstritt steht man mit geöffneter und paralleler Beinhaltung, hebt dann den rechten Fuß um etwa 30 cm vom Boden an, während man auf dem linken Fuß balanciert. Mit dem rechten Fuß gerade und kraftvoll nach unten stampfen und ihn etwa 2,5 cm vom Boden entfernt aufwärtsschnappen lassen. Wie beim Schlagen mit der fließenden Energie sollte man sich auch hier auf die Schwere im Fuß konzentrieren. Das imaginäre Wasser fließt nun durch das rechte Bein (Schlauch), und wenn dieses durch den Stampftritt nach unten voll ausgestreckt ist (Ausströmen des Wassers), schnappt es nach oben. Hat man die Beine vorher nicht durch leichte Tritte aufgewärmt, sollte man diesen Tritt nicht zu heftig ausführen.
Nun ist man für das Seitwärtstreten bereitet. Man bringt wie beim Stampftritt das ganze Gewicht auf das linke Bein, hebt den rechten Fuß an und führt den Tritt seitwärts anstatt nach unten. Das linke Knie sollte etwas gebeugt sein, so daß man sich etwas nach hinten lehnen kann – nicht nach vorne, wie es die meisten Anfänger machen. Beim Herausstoßen des rechten Fußes dreht man über dem Fußballen des linken Fußes ein. Zur höchsten Kraftentfaltung dreht man kurz bevor das Bein voll ausgestreckt ist, die Hüfte mit hinein. Dadurch erhält man den Schraubenzieher- oder Dreheffekt bei einem Tritt. Bei der vollen Streckung schnappt das Bein, um den peitschenden Stoß zu erzielen.
Wer feste Gegenstände bevorzugt, kann gegen Holz oder Wände treten. Man schätzt einfach die Entfernung zur Wand ab und führt den Tritt aus. Da der Fuß flach auftrifft, ist die Verletzungsgefahr äußerst gering. Ein kraftvoller Tritt wird lediglich den Körper nach hinten stoßen, da die Wand nicht nachgibt.
Wenn man dann die Ausführung des Seitwärtstritts beherrscht, dann kann man damit am schweren Sandsack arbeiten. Man macht aus der Wachsamkeitsstellung heraus einen schnellen Vorstoß, wie er im Kapitel über Beinarbeit erklärt ist, und zielt mit dem Tritt genau auf die Mitte des Sandsacks, wie in den Abb. 1, 2 und 3 gezeigt.
Beim Auftreffen sollte der Fuß horizontal landen und nicht schräg. Beim Auftreffen wird ein lautes, knallendes Geräusch wie von einer Peitsche zu hören sein, wenn man durch den Sandsack »hindurchgetreten« und am Schluß geschnappt hat. War der Tritt mehr schiebend als explosiv, dann hört man nur ein leichtes und dumpfes Geräusch. Bei beiden Ausführungen des Tritts ist zwar Kraft vorhanden, nur daß beim geschnappten Stoß die Wirkung verheerend ist, während der Gegner bei einem geschobenen Stoß nur sacht umgestoßen wird.
Stößt man schnell und im guten Gleichgewicht auf den Sandsack zu, dann kann man mit dem Tritt mehr Kraft erzeugen, als man für möglich gehalten hätte. Im allgemeinen wird der Tritt so ausgeführt, daß der Körper nicht zu weit vom Boden entfernt ist, damit man auch nach der Ausführung im Gleichgewicht bleibt. Für einen noch stärkeren Tritt muß man den Körper noch etwas höher anheben, während man sich auf das Ziel zubewegt, und genau wenn man den rechten Fuß durch das Ziel hindurchschlägt mit dem linken Fuß nach unten stampfen oder treten. Dadurch wird die Kraft mit beiden Beinen übertragen. Dies ist die optimale Wirksamkeit bei Schlägen ohne Waffe.
Hierzu eine Warnung: Verfehlt man den Sandsack ganz oder trifft ihn nicht richtig, kann man sich am Knie des tretenden Beins verletzen. Das liegt daran, daß sich der Fuß viel schneller bewegt als der Körper. Wenn man das Ziel verfehlt, ist es, als ob einem jemand das Bein aus dem Kniegelenk reißt.
Beim richtigen Kämpfen oder Sparren ist der oben erwähnte Tritt nicht so praktisch, da man sehr leicht aus dem Gleichgewicht kommt, wenn man verfehlt. Außerdem hat der Gegner zur Vermeidung des Angriffs um so mehr Zeit zur Verfügung, je höher man springt.

1

2

3

Der schwere Sandsack ist eines der wichtigsten und besten Trainingsgeräte im Jeet Kune Do und natürlich auch in den anderen Kampfsportarten, da man alleine damit trainieren kann. Es ist schon nützlich, mehrere Minuten lang ununterbrochen Seitwärtstritte zu machen. Dabei sollte man den Sandsack vor jedem neuen Tritt wieder zurückschwingen lassen.
Um einem Anfänger Trittechniken beizubringen, hält man den Sandsack für ihn, indem man das Knie unten gegen den Sandsack drückt, beide Hände zur Stützung etwa hinter die Mitte bringt und damit gleichzeitig auch vermeidet, daß die Finger eingequetscht werden. Bevor man sich aber jemals mit dem Rücken zum Sandsack stellt, sollte man sich genau über die Trittkraft des Ausführenden im klaren sein. In Abb. 1 trifft Bruce Lee den Sandsack so hart, daß der dahinter stehende Mann durch den Aufprall weggeschleudert wurde und sich leicht am Genick verletzte.

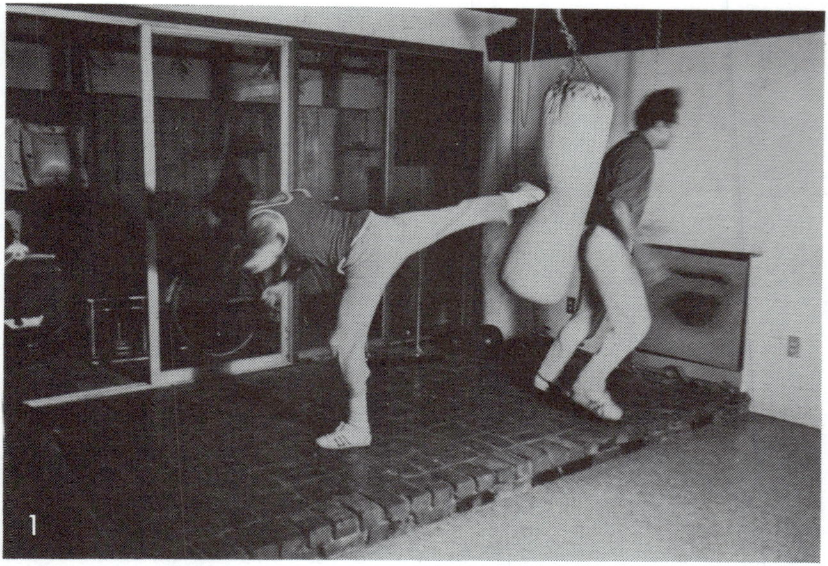
1

Bruce Lee empfahl, mit verschiedenen Geräten zu üben, um dadurch ein Gefühl für die unterschiedliche Art des Auftreffens zu entwickeln. Meistens verwendete er den schweren Sandsack, trainierte aber auch oft mit dem Schlagkissen an der Wand (mit Sand oder Bohnen gefüllt), mit dem Schlagpolster, der Holzpuppe (in Abb. A) und mit dem schweren tragbaren Schlagschild (Abb. B).

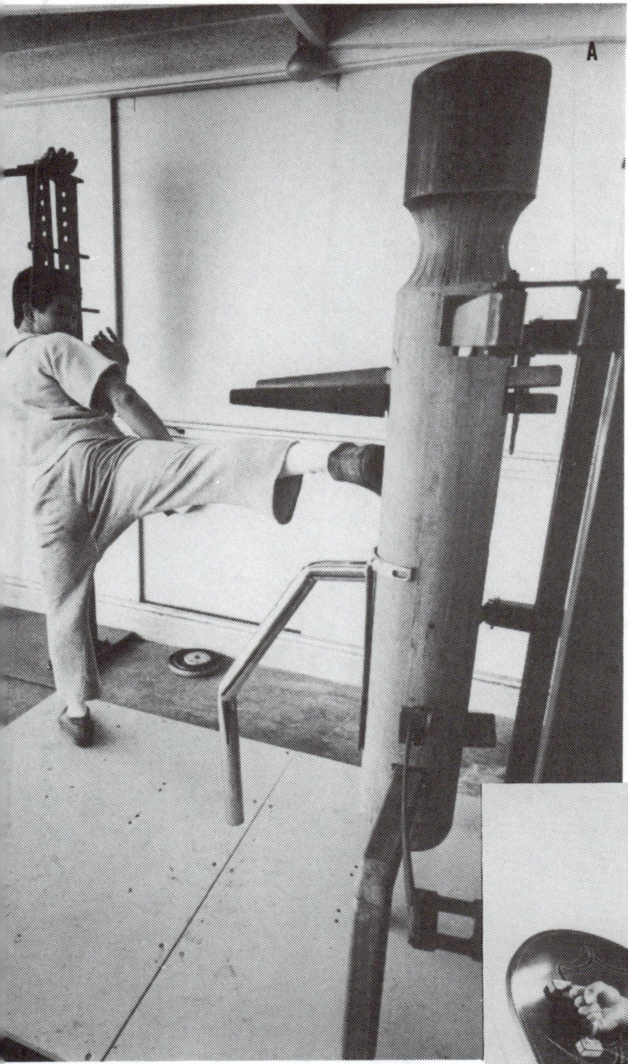
A

B

Nach dem Sandsack waren der schwere Schild und der Luftsack die von Bruce Lee bevorzugten Trainingsgeräte zum Treten, da er hier seine ganze Kraft gegen ein sich bewegendes Ziel einsetzen konnte, ohne den Träger zu verletzen (Abb. 1, 2 und 3).

Obwohl der Vorwärtsfußtritt nicht so kraftvoll ist wie der Seitwärtsfußtritt, verstärkte Bruce Lee seine Explosivität, indem er dabei die Hüften einsetzte. Anstatt sich nur auf das Schnappen des Fußes aus dem Kniegelenk zu verlassen, riß er die Hüfte kurz vor dem Auftreffen nach vorne (Abb. A und B). Das Timing dieser Bewegung ist sehr wichtig und auch ziemlich schwierig. Man sollte es täglich üben, bis man es beherrscht.
Die einzelnen Phasen des Seitwärtsfußtritts wurden hier Schritt für Schritt in Wort und Bild als Übungshilfe dargestellt. Sobald man den Tritt beherrscht, sollte man ihn ohne Stocken in einer weichen, fließenden Bewegung ausführen.

Schnelligkeitstraining

Was bedeutet Schnelligkeit beim Kampf? Ist es die Geschwindigkeit der Hände, Füße und Körperbewegungen? Oder gibt es andere wesentlichere Merkmale eines guten Kämpfers? Was ist eigentlich ein guter Kämpfer?

Die Antwort auf diese Fragen: Gut ist ein Kämpfer, der seinen Gegner härter, schneller und ohne merkliche Anstrengung treffen kann, während er es vermeidet, selbst getroffen zu werden. Er verfügt nicht nur über ein Paar schnelle Hände und Füße oder über schnelle Körperbewegungen, sondern außerdem noch über andere wesentliche Qualitäten wie unverräterische Bewegungsansätze, gute Koordination, perfektes Gleichgewicht und hochentwickelte Wachsamkeit. Obwohl manche Leute einige dieser Eigenschaften bereits von Natur aus mitbringen, werden sie doch meist erst durch hartes Training entwickelt.

Die ganze im Training erworbene Kraft oder Stärke ist vergeblich, wenn man zu langsam ist und somit nicht zu Treffern kommt. Kraft und Schnelligkeit gehen Hand in Hand. Ein guter Kämpfer muß beide Eigenschaften in sich vereinen.

Am direktesten läßt sich die Schnelligkeit beim Auftreffen durch das »Schnappen« oder »Peitschen« mit der Hand oder mit dem Fuß kurz vor dem Auftreffen steigern. Hier liegt das gleiche Prinzip zugrunde wie beim Überhandwurf. Wenn man beispielsweise einen Baseball mit einer vollen Bogenbewegung der Hand und einem abschließenden Schnappen im letzten Moment aus dem Handgelenk heraus wirft, dann erreicht der Ball eine höhere Geschwindigkeit als ohne diese Schnappbewegung. Natürlich erfährt der Ball bei einem langen Schwung und Schnappen eine größere Beschleunigung als bei einem kurzen. Eine 4 m lange Peitsche wird – bei richtiger Führung – eine größere Kraft entwickeln als eine 60 cm lange Peitsche.

Schnelligkeit beim Schlagen

Der Rückfaustschlag ist weder der schnellste Schlag noch besonders stark, da man bei ihm nicht die gesamte Wucht des Körpers ins Spiel bringen kann. Es ist jedoch ein Schlag, bei dem man sehr gut eine peitschende oder schnappende Bewegung anwenden kann. Zunächst einmal besteht er mehr aus einer Schwungbewegung als einer vorwärtsstoßenden Bewegung. Das bedeutet, daß man in die Ausführung mehr Triebkraft legen kann. Zum zweiten ist hier mehr Spielraum für das Handgelenk gegeben, da das Handgelenk in der Richtung Handfläche/Knöchel stärker bewegt werden kann als in der Richtung Daumen/kleiner Finger. Das heißt, daß man hier eine stärkere Schnappbewegung ausführen kann (Abb. A).

Der Rückfaustschlag wird meistens zum Kopf des Gegners geführt. Sehr häufig kommt er in Kombinationen mit »Lop Sao« (Ergreifen der Hand) vor, wie es in Abb. B gezeigt wird.

Der Rückfaustschlag erfolgt meist aus Schulterhöhe. Er kann aber auch als Überraschungsangriff eingesetzt und von jedem beliebigen Punkt zwischen Hüfthöhe und Schulterhöhe eingeleitet werden. Er ist sehr schwer abzublocken, wenn man dabei die Überraschungstaktik der unverräterischen Bewegungsansätze beherrscht.
Obwohl bei diesem Schlag etwas Kraft verloren geht, kann man dies durch seine Kombination mit Lop Sao ausgleichen. Entwickelt man in seinem Arm eine große Kraft beim Ziehen, so gelingt es einem, den Gegner nach vorne zu reißen und dann einen Rückfaustschlag anzusetzen. Das Auftreffen der bloßen Knöchel im Gesicht des Gegners ist sehr wirksam. Es ist wie ein Frontalzusammenstoß.

A

1

2

Die folgende Übung dient dazu, um die Schnelligkeit beim Rückfauststoß zu entwickeln. Man zündet eine Kerze an und versucht, sie durch die Beschleunigung des Schlags zum Erlöschen zu bringen. Bei einer weiteren Übung soll der Partner versuchen, den mit Kontrolle zum Gesicht geführten Schlag abzublocken. Gelingt ihm dies jedoch nicht, sollte man in der Lage sein, den Schlag wenige Millimeter vor dem Ziel zu stoppen.
Bruce Lee verwendete auch eine Schlagpuppe mit beweglichem Kopf (Abb. A), die er ausschließlich für sein Training ohne Partner entwarf. Der Kopf ist gepolstert und federnd, damit er auch harte Schläge aushält.

Der Fingerstoß oder Fingerstich ist die schnellste verfügbare Angriffswaffe. Er erreicht schnell das Ziel, da nur eine kurze Distanz überbrückt werden muß. Ferner ist der Fingerstoß auch die »längste« Handtechnik. Da man keine Faust ballt, sondern die Finger ausgestreckt läßt, steigert man die eigene Reichweite noch um ein paar Zentimeter (Abb. 1 und 2).
Zu dieser Technik braucht man keine Kraft, da man sich als Zielgebiet auf die Augen des Gegners konzentriert. Dafür kommt es umsomehr auf Genauigkeit und Schnelligkeit an. Der Fingerstich ist eine bedrohliche und gefährliche Waffe, da er eine so große Wirkung erzielt und man sich nur schwer gegen ihn verteidigen kann.
Um sich vor Verletzungen der Finger zu schützen, falls man das Ziel verfehlen sollte und auf den Kopf oder einen Knochen des Gegners trifft, sollte man die richtige Haltung der Hand beim Fingerstich lernen. Man richtet die Spitze der Hand wie in Abb. Y aus, indem man die längeren Finger etwas krümmt, damit sie sich an die kürzeren anpassen, und legt den Daumen nach innen. Die Hand sollte dann einem Speer gleichen.

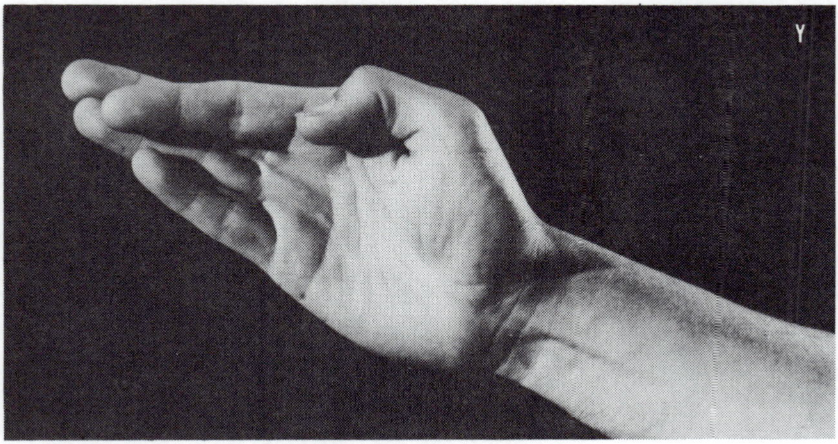

Um beim Fingerstich Schnelligkeit zu entwickeln, ist viel Training nötig. Schnelligkeit beruht auf der Wirtschaftlichkeit der Bewegungen, und der Fingerstich ist eine Technik, mit der man auf diesem Gebiet experimentieren kann. Der Fingerstich muß – wie alle Schläge im Jeet Kune Do – ohne irgendeine Rückziehbewegung gerade nach vorne gestoßen werden. Er gleicht einer Schlange, die ohne jede Vorwarnung ihre Zähne in ihre Beute stößt.
Je häufiger man schnelle Schläge ausführt, desto schneller werden die Hände mit der Zeit. Wie der Boxer, der bei seinem Lauftraining immer wieder seine Fäuste herausschlägt, muß man auch dieses Einzeltraining ernst nehmen. Eine sehr gute Trainingshilfe hierfür ist das aufgehängte Papierziel. Es kostet wenig und ist leicht herzustellen und dabei für jeden nützlich, der seine Schnelligkeit bei Faustschlägen oder Fingerstichen steigern will.

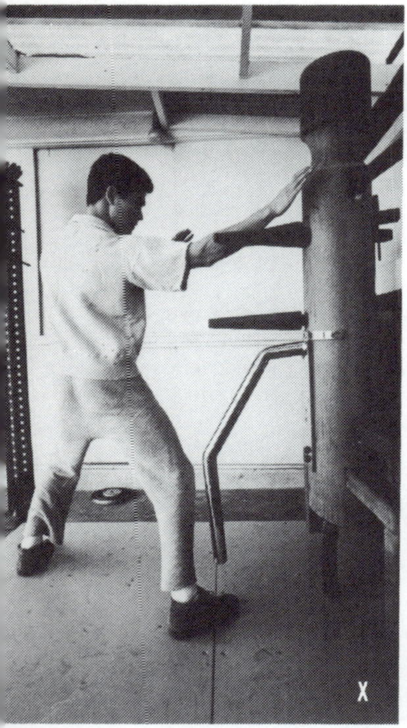

X

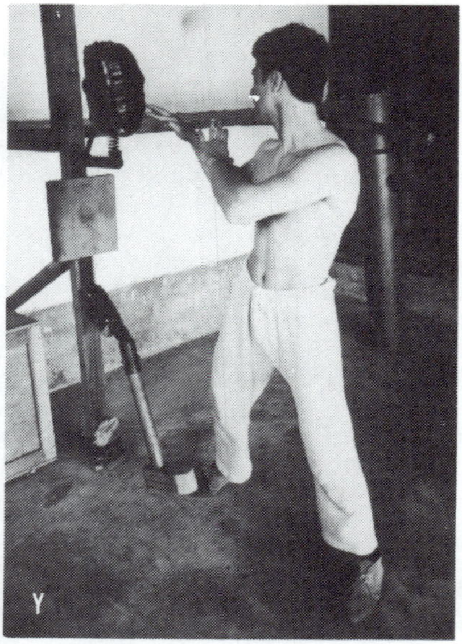

Y

Z

Außerdem trainierte Bruce Lee zur Abhärtung seiner Finger auch an einer Schlagplatte aus dickem Leder (Abb. Z), ferner an der Holzpuppe mit beweglichem Kopf (Abb. Y), bei der sich sehr gut Fingerstiche trainieren lassen. Die Puppe gibt beim Auftreffen zwar nach, ist aber fest genug, um die Finger abzuhärten.
Obwohl die große Holzpuppe zum Üben von durchgeschlagenen Fingerstichen zu hart ist, lassen sich an ihr gut Kombinationen mit Fingerstichen trainieren (Abb. X).
Sie ähnelt einem tatsächlichen Gegner mit ausgestreckten Armen, dessen vorgestelltes Bein einen beim Vorgehen behindert.

Der Fingerstich mit der Führhand ist die schnellste Handtechnik, während der schnellste aller Schläge die gerade Führhand ist. Diese mit der vorderen Hand geschlagene Gerade ist der wichtigste Schlag im Jeet Kune Do. Er ist die Hauptoffensivwaffe, aber auch eine wichtige Abwehrwaffe, um einen komplizierten Angriff auf der Stelle abzufangen und zu stoppen.
Obwohl die Gerade mit der Führhand im Kapitel über die Entwicklung der Kraft besprochen wurde, ist Kraft nicht das Ausschlaggebende. Die Gerade mit der Führhand müßte eigentlich genauer als »Schnelligkeitsschlag« bezeichnet werden. Wie der Fingerstich legt sie ebenfalls nur eine kurze Distanz zum Ziel zurück (Abb. 1, 2 und 3), da dieser Arm bereits ausgestreckt ist – dem Ziel somit schon am nächsten.

1

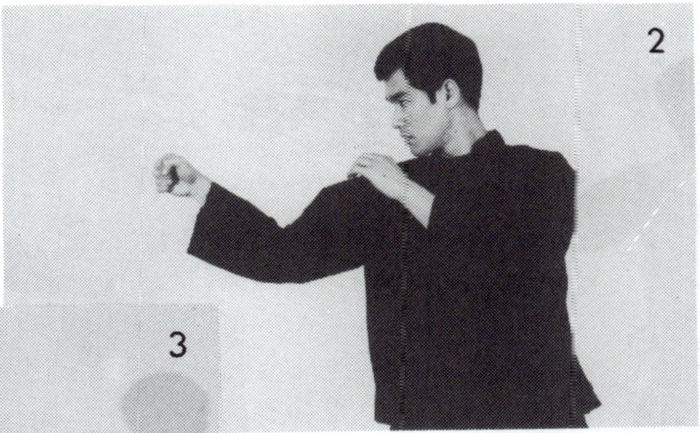
2

3

Die Gerade mit der Führhand ist nicht nur der schnellste Faustschlag, sondern auch der genaueste, da sie auf kurze Entfernung gerade nach vorne geführt wird und das Gleichgewicht damit nicht gestört ist. Wie der Fingerstich ist sie schwer abzuwehren, vor allem, wenn man sie mit gleichmäßigen kleinen Bewegungen ausführt. Außerdem kann sie aus der Bewegung heraus schneller geschlagen werden als aus der Ruhe. Wie beim Fingerstich wird der Gegner durch ihre bedrohliche Wirkung verunsichert.
Man bringt etwas »Pfeffer« hinter den Schlag, indem man kurz vor dem Auftreffen eine Schnappbewegung macht. Dabei hält man die Hand locker und spannt die Faust erst kurz vor dem Kontakt. Zusätzliche Explosivität wird in den Schlag gelegt, indem man durch die fließende Energie die Hand schwer macht.
Die Gerade mit der Führhand erfüllt keinen Selbstzweck, sondern ist ein Mittel zum Zweck. Sie ist kein kraftvoller Schlag, bei dem der Gegner bei einem einzigen Treffer zu Boden geht. Vielmehr ist sie der beherrschendste Schlag im Jeet Kune Do und wird sehr häufig in Kombination mit den anderen Schlägen und Tritten eingesetzt.
Die Gerade mit der Führhand sollte aus der Wachsamkeitsstellung heraus geschlagen werden, wobei der Zielpunkt mit der Schulteroberseite etwa auf einer Linie liegt (Abb. 1, 2 und 3). Bei einem kleinen Gegner oder bei tiefen Schlägen müssen die Knie stärker gebeugt werden, damit die Schultern mit dem Zielpunkt eine Linie bilden können. Bei einem großen Gegner muß man andererseits auf den Fußballen stehen.
Wenn man später bereits Fortschritte gemacht hat, sollte man die Gerade mit der Führhand ohne zusätzliche Bewegungen, wie das Zurückziehen der Hand oder der Schulter, aus allen möglichen Positionen heraus schlagen können. Um wirksam zu sein, muß sich der Körper bei der Ausführung jedoch im Gleichgewicht befinden.

1

2

3

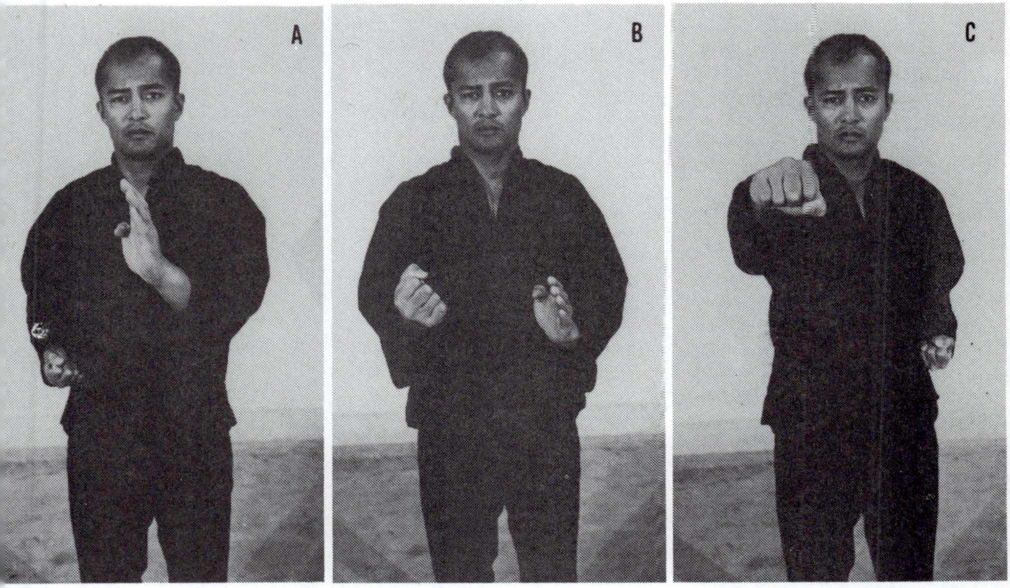

Im Gegensatz zur klassischen Stellung wird die Hand niemals an die Hüfte genommen (Abb. A, B und C). Ein Schlag wird auch nicht von der Hüfte aus eingeleitet; die Hand müßte dabei eine zusätzliche Entfernung zurücklegen. Außerdem bietet sich bei der Ausführung von der Hüfte aus ein großer Teil des Körpers ungeschützt dar.
Wie bereits im letzten Kapitel besprochen, hat die Gerade mit der Führhand mehr Kraft, wenn man dazu die Hüften eindreht und auch die anderen Hilfsmittel für einen kraftvollen Schlag einsetzt. Dadurch wird jedoch manchmal die Bewegung schon im voraus angekündigt. Man muß sich dann entscheiden, ob man die Schnelligkeit zugunsten der Kraft vernachlässigen soll, was ganz vom Gegner abhängt. Ist dieser langsam und ungelenk, kann man die kraftvolleren Schläge einsetzen und zu Treffern kommen. Bei einem schnellen Gegner sollte man sich jedoch mehr auf die Schnelligkeit konzentrieren. Als Trainigsgerät zur Entwicklung von Schnelligkeit und Genauigkeit eignet sich besonders der altbewährte Doppelend-Ball (Speedbag), wie in Abb. A gezeigt. Der Speedbag, der mit einem elastischen Seil an der Decke aufgehängt und mit einem weiteren Seil am Boden befestigt ist, wird etwa in Schulterhöhe gebracht. Um mit dem Speedbag richtig arbeiten zu können, muß man mit den Händen sehr schnell sein. Das Ziel muß genau getroffen werden, so daß der Speedbag wieder genau auf einen zurückschwingt. Ferner braucht man bei den Schlägen gutes Timing.

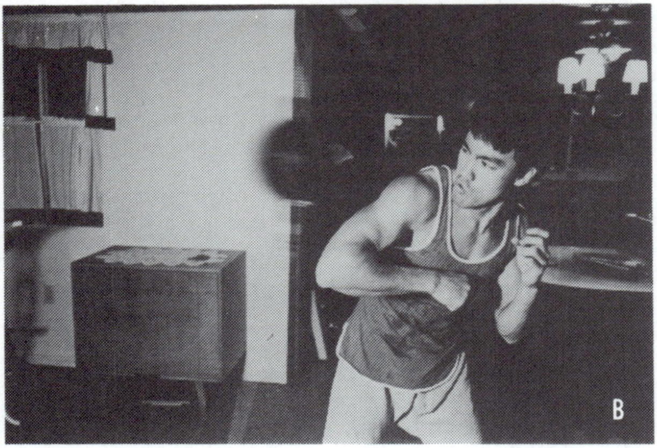

Am Anfang benutzt man beim Schlagen des Doppelend-Balls beide Hände und steht mit den Beinen parallel und in bequemem Abstand zueinander. Der Speedbag soll direkt und gerade getroffen werden, wobei die eigene Nase die Richtung angibt. Die nützlichste Eigenschaft des Speedbags ist, daß man durch ihn zum geraden und explosiven Schlagen gezwungen wird, denn bei einem nur schiebenden Stoß schwingt er nicht wieder richtig auf einen zurück. Beherrscht man einmal die entsprechende Technik nach vielen Übungsstunden, kann man in die Wachsamkeitsstellung überwechseln und die Kombinationen mit Faust und Ellenbogen üben. Man schlägt dazu mit der Faust und blockt oder schlägt mit dem Ellenbogen oder Unterarm, wie es in Abb. B gezeigt wird.
Aus der klassischen Stellung heraus, bei der der Schlag von der Hüfte aus geführt wird, kann man nicht mit dem Speedbag trainieren, da es nach dem ersten Schlag schon zum Reagieren zu spät ist. Es besteht die Gefahr, im Gesicht getroffen zu werden, da die Hände hierbei nicht in der Lage sind, den Kopf vor dem zurückschwingenden Ball zu schützen.

Die in Abb. Y dargestellten Schlagpolster sind vielseitige Trainingsgeräte, die zur Entwicklung von Schnelligkeit und kraftvollen Schlägen, zum Üben von Tritten und Kombinationen verwendet werden. In den Abb. 1 und 2 wird gezeigt, wie Bruce Lee gerade an einem Schlagpolster eine explosive Gerade mit der Führhand schlägt. Neben der Steigerung der Explosivität kann man ein Schlagpolster auch dazu einsetzen, Schnelligkeit zu entwikkeln. Der Partner hält das Schlagpolster nach außen. Will mann dann seinen Schlag ansetzen, reißt er es blitzschnell nach oben oder unten und versucht dadurch, den Schlag ins Leere gehen zu lassen.

Y

1

2

1

2

3

In den Abb. 1, 2 und 3 schlägt Bruce Lee eine rechte Gerade und läßt darauf eine linke zum zweiten Schlagpolster folgen. Bei der Verwendung von zwei Schlagpolstern kann einem der Partner bei der Entwicklung von Schnelligkeit, Zielgenauigkeit und Koordination helfen, indem er sich und seine Hände dauernd in Bewegung hält und damit zwei schwer erfaßbare und ausweichende Ziele bildet.
Die an der Wand aufgehängten Segeltuchschlagkissen sind zur Entwicklung von Schnelligkeit nicht gut geeignet. Zur Steigerung der Schnelligkeit muß man auch tatsächlich

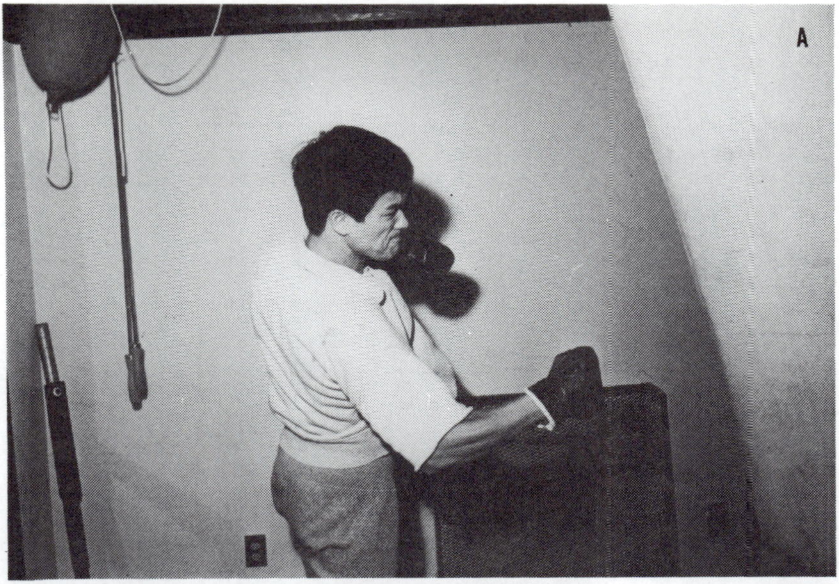

schnell schlagen und darf dabei nicht an Kraft denken. Schlägt man seine Ziele dauernd mit höchster Kraft, opfert man etwas an Schnelligkeit. Selbst beim Training am schweren Sandsack (Abb. A und B) kann man mit einer Kombination von Schnelligkeit und Kraft schlagen. Man verwendet hier die dominierende Führhand hauptsächlich für schnelle Schläge, während die hintere Hand die kraftvollen Schläge ausführt. Wenn man den Sandsack »antreibt«, kann man auch mit beiden Händen kraftvolle Schläge führen.

Die Holzpuppe kann auch zum Erlernen von schnellem Schlagen mit Kombinationsschlägen und -abwehren dienen (Abb. A und B). Der einzige Nachteil liegt darin, daß sich jemand, der noch nie mit der Holzpuppe gearbeitet hat, möglicherweise verletzt, wenn seine Fäuste nicht abgehärtet sind.

Der gerade Jab (gestochene Gerade) mit der Führhand ähnelt stark der Geraden mit der Führhand, nur daß er nicht so kraftvoll ist. Er wird in den ersten Runden beim Sparring oder bei einem Kampf meist zum Vorfühlen eingesetzt. Der gerade Jab dient als ein Mittel, um den Gegner vorsichtig in der Bewegung zu studieren. Wenn sich zwei gleichwertige und gute Kämpfer gegenüberstehen, wird der gerade Jab manchmal während des ganzen Kampfes verwendet.
Im Boxen ist der gerade Jab die dominierende Technik, im Jeet Kune Do jedoch die Gerade mit der Führhand. Beide Techniken ähneln sich; sie sind schnell, genau, kurz in der Ausführung, haben gutes Gleichgewicht beim Schlagen und sind beide nur schwer abzuwehren.

Bei der Offensive dient der gerade Jab dazu, dauernd das Gleichgewicht des Gegners zu stören und Öffnungen für die kraftvolleren Schläge zu schaffen. Bei der Abwehr eignet er sich sehr gut zum Stoppen eines Angriffs. So kann man mit ihm seinem Gegner zuvorkommen, indem man einen kurzen Jab zu seinem Gesicht schlägt, wenn er gerade einen Angriff einleiten will. Der Jab kann auch aus einem fast ausgestreckten Arm heraus geführt werden, um den Gegner in der Bewegung seines Arms zu behindern oder ihn auf Distanz zu halten, das heißt, ihn nicht in die Nahdistanz kommen zu lassen.
Ein Jab ist meist zum Gesicht gerichtet, da er nicht so kraftvoll ist, um am Körper Wirkung zu zeigen. Es ist ein zwar schwacher, aber irritierender Schlag, der sich geschickt in die eigene Taktik einbauen läßt.
Ein sehr gutes Kinderspiel, das Spaß macht und mit jedem gespielt werden kann, ist das »Händeabklatschen«. Dazu streckt man seinen Arm mit geöffneter Hand aus. Der Daumen zeigt nach oben, da die Hand vertikal gehalten wird. Wenn der Partner dann versucht, nach der Hand des anderen zu schlagen, reagiert man, indem man die Hand ruckartig nach oben und zum Körper hin reißt und so möglichst verhindert, daß der Partner trifft. Immer wenn einer der Partner verfehlt, werden die Rollen getauscht.

Getarnte Überraschungsangriffe

Eines der herausragendsten Merkmale, wodurch sich das Jeet Kune Do vom klassischen Kung-Fu oder vom Boxen abhebt, besteht darin, daß Bruce Lee aus dem Fechten die speziellen getarnten Überraschungsangriffe in seine Kampfkunst einbaute. Durch teilweise Übernahme der Beinarbeit vom Fechten und der vor dem Körper geführten Schläge wird es beinahe unmöglich, die schnellen Schläge wie Rückfaustschlag, Jab oder Gerade mit der Führhand abzuwehren oder abzublocken.

Das Grundkonzept ist dabei, daß dem Gegner nicht genug Zeit zum Reagieren bleibt, wenn ein Schlag ohne jede Vorwarnung wie Anziehen der Schultern, Bewegen von Armen oder Körper eingeleitet wird. Wenn er den Schlag kommen sieht – falls er ihn überhaupt sieht – ist es für eine Abwehr bereits zu spät. So trifft die Hand auf und schnappt bereits wieder zurück, wenn sich der Körper nach vorne bewegt. Dies entspricht genau der exakten Bewegung des Fechters, der das Florett nach vorne stößt und sich erst dann selbst nach vorne bewegt, wenn seine Hand bereits wieder zurückgezogen wird.
Führt man seine Schläge gleichzeitig aus, das heißt mit einer gleichzeitigen geringen Bewegung von Fuß oder Körper, dann hat man seinen Schlag bereits angekündigt und dem Gegner die Absicht signalisiert. Das Geheimnis beim getarnten Schlagen ist, Körper und Arme entspannt zu halten, sie jedoch immer mit einer geringfügigen Bewegung kreisen zu lassen. Die Hand muß locker hervorpeitschen, so daß sich die Schultern nicht verkrampfen. Kurz vor dem Auftreffen wird dann die Faust richtig geballt und mit einem Schnappen ins Ziel geführt. Steht man seinem Gegner gegenüber, muß man dauernd ein »Pokergesicht« aufsetzen, denn schon ein kleines Zucken oder eine Änderung im Gesichtsausdruck kann die Absicht verraten und so den Gegner warnen.
Bruce Lee war bei seinen schnellen Schlägen so gut, daß er kaum noch Freiwillige für Vorführungen bei Karate-Veranstaltungen fand. Selbst die Besten traten ihm ungern gegenüber, da sie die überragende Schnelligkeit seiner Hände kannten. In den Abb. 1 und 2 demonstrierte Bruce Lee seine Schnelligkeit an einem Karate-Schwarzgurtträger. Selbst als er diesem Freiwilligen anzeigte, wohin er seinen Schlag führen würde, konnte der ihn nach achtmaligem Versuch nicht abwehren. Bruce Lee hatte dabei nicht nur durch seine Schnelligkeit Erfolg, sondern auch durch seine flüssigen Bewegungen, die die Absicht verbargen.
Schläge aus der Tarnung setzt man zusammen mit dem Vorwärts-Shuffle ein, der bereits im Kapitel über Beinarbeit besprochen wurde. Man übt zuerst den Rückfaustschlag, dann den Fingerstich und schließlich die Gerade mit der Führhand.
Am Anfang führt man die Schläge oder Jabs in die Luft aus, dann gegen das Papierziel, später gegen das Schlagpolster. Der Partner muß wie beim Training für schnelles Schlagen das Schlagpolster hin und her bewegen und durch ruckartige Bewegungen versuchen, einen Treffer zu verhindern.
Eine weitere Übung, die man gut in das Training einbauen kann, ist das »Abklatschen«. Hierzu steht man eine Armlänge plus 10 bis 12 cm vom Partner entfernt. Der Partner streckt beide Hände vor den Körper und hält sie etwa 30 cm auseinander. Man muß dann versuchen, zwischen seinen Händen hindurch zu seinem Gesicht oder Körper zu schlagen. Durch diesen Test läßt sich feststellen, ob man das Ziel treffen und mit der Faust schnappen kann, bevor der Partner den Schlag zwischen seinen Händen »abklatscht«. Kann der Partner den Schlag nicht abklatschen, dann soll er den Abstand zwischen seinen Händen bis auf 15 cm verkleinern. Außerdem kann man zur Ausführung des Schlags noch weiter nach hinten gehen. Vor dieser Übung sollte man sich jedoch vergewissern, ob man seinen Schlag auch kontrollieren kann. Wenn der Partner ihn nicht abklatschen kann, muß man den Schlag kurz vor dem Ziel abstoppen.
Es empfiehlt sich daher, vor der Ausführung dieser Übung erst einmal die Schläge kontrollieren zu lernen. Dazu steht der Partner bewegungslos vor einem. Man stoppt die Schläge ungefähr 5 cm vor seinem Gesicht ab, legt dieses Abstoppen dann immer näher ans Ziel heran, bis man fast seine Haut berührt. Der Partner sollte vom Schlag nur einen Lufthauch spüren. Gleichzeitig kann der Partner dabei lernen, nicht zu blinzeln, wenn der Schlag bis kurz vor sein Gesicht geführt wird.

1

2

A

4

3

Schnelligkeit beim Treten

Die am häufigsten verwendeten Fußtritte im Jeet Kune Do sind der Seitwärtsfußtritt und der Halbkreis- oder Hakenfußtritt. Der Seitwärtsfußtritt läßt sich mit Kraft und Schnelligkeit einsetzen, während es beim Hakenfußtritt hauptsächlich um Schnelligkeit geht. Im Jeet Kune Do werden die meisten Tritte mit dem vorderen Bein ausgeführt, so daß sich die Distanz zum Ziel verkürzt.

Der Hakenfußtritt wird im allgemeinen gegen die obere Körperpartie gerichtet, das heißt von der Hüfte bis zum Kopf. Er ist besonders wirksam, wenn er zu den Rippen des Gegners, etwas unterhalb des Arms, getreten wird, wie in Abb. A dargestellt. Wie schon im vorangegangenen Kapitel erwähnt, ist das Bein stärker als der Arm, so daß sogar schon ein schneller Tritt wie der Hakenfußtritt den Gegner mit nur einem Treffer kampfunfähig machen kann.

Der Hakenfußtritt ist schwerer zu erlernen als der Seitwärtsfußtritt, da seine Ausführung schwieriger ist und man bei ihm – insbesondere bei hohen Techniken – leichter aus dem Gleichgewicht kommt.

Zur Ausführung des Hakenfußtritts steht man wie in Abb. 1 in der Wachsamkeitsstellung. Dann wird das vordere Knie angehoben, bis der Oberschenkel horizontal ist (Abb. 2). Unterhalb des Knies hängt das Bein locker in einem Winkel von etwa 45 Grad zum Boden herab. Das Gewicht befindet sich jetzt völlig auf dem ganz geringfügig gebeugten hinteren Bein, und der Körper wird nach hinten gelehnt. Dann dreht man auf dem Fußballen des Standbeins ein, wodurch automatisch die Hüften mitgedreht werden. Zum Abschluß wird mit dem tretenden Fuß im Knie geschnappt, wobei das Standbein gestreckt wird, wie in den Abb. 3 und 4 dargestellt. Die Augen sollten hierbei immer auf das Ziel gerichtet sein. Der Tritt wird nicht »auf« das Ziel geführt, sondern »hindurch«. Der Fuß sollte, wie die Faust beim Schlag, kurz vor dem Auftreffen geschnappt werden.

Ein Fehler von Anfängern ist, daß sie sich zu weit nach vorne lehnen und bei der Ausführung eigentlich zwei Bewegungen machen. Nach Anheben des Knies nehmen sie vor der Ausführung den Fuß noch einmal zurück, siehe hierzu die Zeichnung über den vom Fuß zurückgelegten Weg. Durch die falsche Ausführung wird der Tritt langsamer. Außerdem wird er durch die zwei Bewegungen und durch das Zögern sowie die Tatsache abge-

2

1

Vom Fuß zurückgelegter Weg

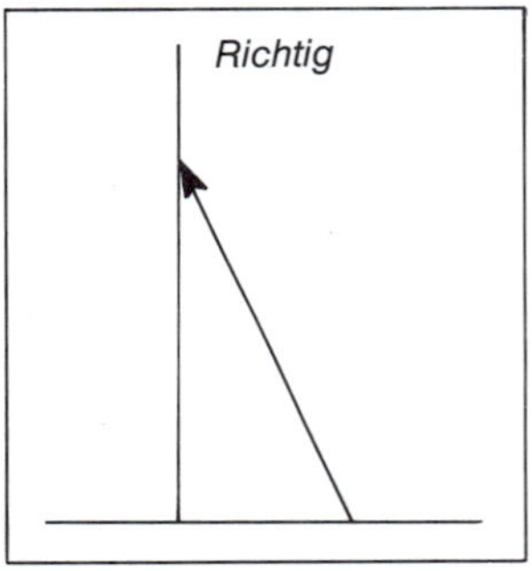

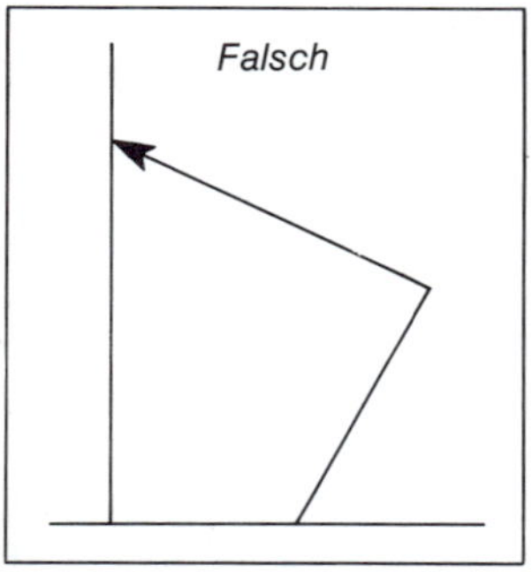

schwächt, daß hier die kombinierte Kraft nicht richtig aus Hüfte und Bein eingesetzt wird, wie es Bruce Lee in den Abb. A, B, C und D vorführt.

Der Hakenfußtritt wird normalerweise zusammen mit schneller Vorwärtsbeinarbeit eingesetzt. Man geht aus der Wachsamkeitsstellung (Abb. 1) etwa 10 cm nach vorne (Abb. 2) und bringt das hintere Bein schnell nach vorne (Abb. 3). Kurz bevor der hintere Fuß den vorderen berührt, hebt man den vorderen Fuß und führt einen Hakenfußtritt aus (Abb. 4).

Es kommt manchmal vor, daß man vom Gegner bedrängt wird und er einem ziemlich nahe kommt. In diesem mißlichen Fall läßt man den anfänglichen kurzen Schritt weg und zieht direkt aus der Wachsamkeitsstellung heraus (Abb. 1) den hinteren Fuß schnell nach vorne, bis kurz hinter den vorderen Fuß (Abb. 2). Dann führt man den Tritt aus, noch bevor der Gegner reagieren kann (Abb. 3). Dies sollte mit einer einzigen, fließenden Bewegung geschehen, ohne Zögern oder Absetzen.

Manchmal kommt es auch vor, daß man nicht ganz die richtige Distanz hat. Man ist entweder für den kurzen Anfangsschritt (etwa 10 cm) zu nah oder für den kurzen, herangezogenen Schritt, wie in Abb. 2 gezeigt, zu weit entfernt. Befindet man sich in dieser Situation, macht man am besten einfach den schnellen Vorstoß (Abb. A), bevor man den Tritt ausführt.

Obwohl der Hakenfußtritt meist bei Angriffen zum Oberkörper verwendet wird, tritt man ihn auch oft zur Unterleibsgegend, wie es die Abb. A und B verdeutlichen. Dies hängt davon ab, in welchem Winkel man zum Körper des Gegners steht.

A

Oft wird man feststellen, daß der Hakenfußtritt die einzige Möglichkeit ist, die schwerer erreichbaren Ziele zu treffen.
Es gibt verschiedene Trainingsgeräte, mit denen man den Hakenfußtritt üben kann. Eines der besten und billigsten ist das Papierziel. Am Anfang übt man die Tritte an diesem Ziel aus der Wachsamkeitsstellung aus dem Stand entwickelt ein »Gefühl« für die Stellung (Gleichgewicht) und den Weg des Fußes. Auf das Schnappen beim Auftreffen ist zu achten.

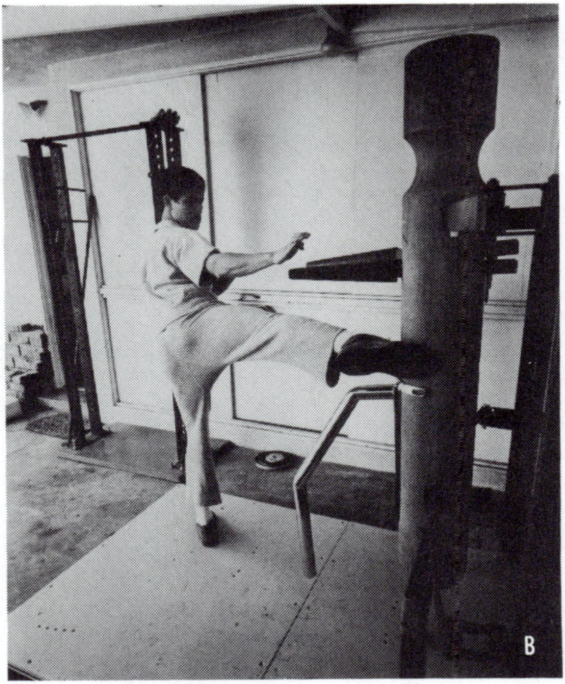

B

Allmählich kann man an festeren Zielen wie an dem in Abb. A gezeigten leichten Sandsack oder am schweren Sandsack üben. Man benutzt bei kombinierten Hand- und Fußtechniken die Holzpuppe (Abb. B). Sobald man den Hakenfußtritt dann ganz automatisch ausführen kann, übt man mit einem beweglichen Ziel wie dem Schlagpolster weiter, am Anfang nur mit einem Schlagpolster. Später kann man dann abwechselnd mit links und rechts und mit zwei Schlagpolstern trainieren.
Obwohl man beim Hakenfußtritt im allgemeinen mit dem Spann auftrifft, können auch andere Partien wie Ballen, Zehen und Schienbein eingesetzt werden. Beim barfüßigen Trainieren sollte man jedoch nicht mit den Zehen oder dem Fußballen treten.

Bei Schlägen sind die kraftvollsten normalerweise langsamer als die leichteren. Im Gegensatz dazu ist der Seitwärtsfußtritt, der die stärkste Technik überhaupt darstellt, gleichzeitig auch ein schneller Tritt. Wenn man mit ihm zum unteren Körper angreift wie zum Knie oder Schienbein (Abb. 1 und 2), kann er ebenso schnell sein wie der Hakenfußtritt. Bruce Lee konnte diesen tiefen Seitwärtsfußtritt fast genau so schnell ausführen wie seinen Jab mit der Führhand. Es war faszinierend zu sehen, wie er seinen Gegner jagte, der total aus dem Gleichgewicht rückwärts getrieben wurde.

Um beim Seitwärtsfußtritt Schnelligkeit zu entwickeln, sollte man sich vorstellen, daß man das vordere Bein des Gegners vor sich hat. Die Augen bleiben immer auf den imaginären Gegner gerichtet, wenn man eine Reihe von nach unten gerichteten Seitwärtsfußtritten ausführt. Bei dieser Übung kommt es darauf an, den Fuß kraftvoll, aber zugleich auch schnell und schnappend nach unten zu stoßen. Den Seitwärtsfußtritt kann man auch an der Holzpuppe allein oder in Kombinationen mit anderen Hand- und Fußtechniken üben. Ein weiterer schneller Tritt ist der Vorwärtsfußtritt oder Unterleibstritt, der in seiner Ausführung dem Hakenfußtritt stark ähnelt. Anstatt zur Seite des Gegners zu treten, so daß der Weg des Fußes schräg verläuft, geht der Tritt zur Unterleibsgegend und verläuft gerade aufwärts oder vertikal. Wird der Vorwärtsfußtritt mit Hüfteinsatz getreten, wie im Kapitel über Entwicklung der Kraft beschrieben wurde, kann er viel kraftvoller sein als ein Hakenfußtritt.

Der Vorwärtsfußtritt wird im Jeet Kune Do im Sparring nicht sehr häufig eingesetzt, da die Wachsamkeitsstellung nicht genügend Gelegenheit hierfür bietet. Er ist jedoch gegen viele Kämpfer sehr wirksam, die ihre Unterleibsgegend nicht ausreichend schützen.
Obwohl man beim Vorwärtsfußtritt mit den Zehen oder den Fußballen auftreffen kann, werden hauptsächlich Schienbein oder Spann verwendet. Damit läßt sich der Tritt auch gezielter einsetzen als mit den Zehen oder dem Fußballen. Der Fuß bewegt sich bei der Ausführung zwischen den Beinen des Gegners nach oben, wie es in den Abb. 1 und 2 gezeigt wird. Man kann also das Ziel kaum verfehlen.
Beim Sparring ergibt sich nur selten die Gelegenheit für einen Vorwärtsfußtritt. So kann man gelegentlich, nachdem man dem Angriff des Gegners ausgewichen ist, ihn so herumschwingen, daß er mit dem Rücken zu einem steht (Abb. A und B).
Beim täglichen Training kann man den Vorwärtsfußtritt üben, indem man zur Unterseite des schweren Sandsacks tritt. Von der Decke hängende leichte Sandsäcke oder Doppelend-Bälle eignen sich sehr gut, um an einem beweglicheren Gegenstand zu üben. Ebenso läßt sich das Schlagpolster verwenden, das vom Partner mit der Handfläche horizontal zum Boden gehalten wird. Mit der Holzpuppe kann man – wie bei den anderen Techniken auch – Kombinationstechniken üben (Abb. Y). Hier sollte man wegen der Verletzungsgefahr jedoch nicht zu hart treten.

Y

A

B

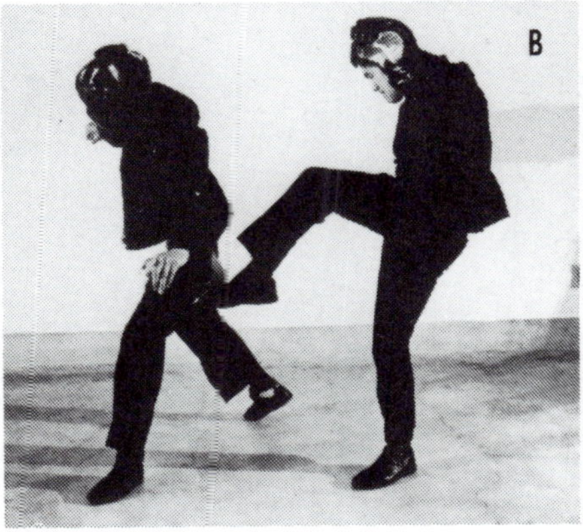

Aufmerksamkeit

Einige Sportler scheinen ein besseres peripheres Sehvermögen (peripher = am Rand) zu haben als andere, so zum Beispiel der Basketballspieler, der anscheinend immer weiß, wo seine Leute stehen und jeweils einen freien Mann anspielt, ebenso der Fußballer, der immer seine ungedeckten Mitspieler bei Pässen zu sehen scheint. Einige Sportfachleute glauben, daß dieses außergewöhnlich gute periphere Sehvermögen bei bestimmten Sportlern angeboren ist. Sie vertreten aber auch die Auffassung, daß diese Eigenschaft von jedermann durch konstantes Training verbessert werden kann.

Bei den Kampfsportarten ist wahrscheinlich kein so großer Sehbereich erforderlich wie in anderen Sportarten, falls man nur einer einzigen Person gegenübersteht. Sobald man aber von zwei oder mehr Angreifern umringt wird, braucht man auch dort einen umfassenden Sehbereich.

Zur Entwicklung des peripheren Sehens fixiert man am besten einen entfernten Gegenstand, zum Beispiel ein hohes Gebäude oder einen Mast. Dann läßt man den Blick unscharf werden, so daß man den fixierten Gegenstand noch klar erkennen kann, aber gleichzeitig auch die ihn umgrenzende verwischte Umgebung. Man achte dabei in dem Randsehbereich beider Augen auf Bewegungen.

Beim Training arbeitet man mit drei oder mehr Partnern und verteilt sie im Raum. Die Augen sind scheinbar nur auf die Person in der Mitte fixiert, während man in Wirklichkeit jedoch alle Personen im Auge hat. Sobald sich einer bewegt – ganz egal wie wenig – ruft man seinen Namen.

Steht man einem Gegner gegenüber, fixiert man den Blick auf seine Augen. Der Gesamtsehbereich sollte sich jedoch auf seinen ganzen Körper erstrecken, wie es in Abb. A verdeutlicht wird. Dieser Sehbereich wird größer, wenn man einen weiter entfernten Gegenstand fixiert und kleiner, wenn der fixierte Gegenstand näher liegt. Die Handbewegungen

eines Gegners sind schwerer zu verfolgen, selbst wenn die Hände dem Auge näher sind als die Füße, da die Füße langsamer sind.
Ein renommierter Kampfsportler war über die schnellen Reaktionen der Hände und Beine von Bruce Lee verblüfft. Lee konnte seine Hand- und Fußtechniken ausführen, kurz bevor der Gegner die entsprechenden Techniken einleiten wollte. Wer ihn zum ersten Mal sah, dem schien, als ob er einen besonderen Instinkt oder sechsten Sinn hätte und Gedanken lesen könnte. Das Sparring mit ihm konnte sehr deprimierend sein, denn er hatte seine Partner in die Enge getrieben, bevor sie richtig hingeschaut hatten.
Das Geheimnis der schnellen Reaktionen von Bruce Lee lag in seiner hochentwickelten Aufmerksamkeit, die er sich durch jahrelanges Training erworben hatte. Sie ergänzte seine Hand- und Fußtechniken. Nur durch die Beschleunigung des Fußes oder der Hand allein kommt man nicht unbedingt der entsprechenden Technik des Gegners zuvor. Die Schnelligkeit an sich ist also noch keine Garantie, daß man den Gegner trifft, bevor er einen treffen kann. Die Chance hierfür läßt sich jedoch durch die Steigerung der Aufmerksamkeit beträchtlich erhöhen.
Wie kann man seine Aufmerksamkeit weiterentwickeln? Eine Möglichkeit besteht darin, die Umgebung wachsam und aufmerksam wahrzunehmen und schnelles Reagieren zu lernen. So kann man sich zum Beispiel in einem Restaurant oder an einem anderen öffentlichen Platz eine Person aus der Menge auswählen, sich auf sie konzentrieren und ihren Bewegungen folgen. Sobald der- oder diejenige gestikuliert oder eine Bewegung macht, reagiert man leise durch das Ausstoßen eines »Hu« oder eines anderen leisen und scharfen Wortes. Dann steigert man die Reaktionen, indem man versucht die Gesten vorauszuahnen und ihnen mit einem »Hu« zuvorzukommen.
Wenn man einen Hund hat, kann man die Aufmerksamkeit dadurch entwickeln, daß man ihm einen Lappen vor die Schnauze hält. Sobald er nach dem Lappen schnappt, reagiert man mit einem »Hu« und reißt gleichzeitig den Lappen weg. Anfänglich hält man den Lappen hoch. Wenn sich die Reaktionen dann verbessert haben, kann man den Lappen tiefer halten. Es ist verblüffend, wie sehr sich die Reaktionszeit durch diese einfache Übung steigern läßt.
Wer das nicht glaubt, sollte die gleiche Übung einmal ohne das Ausstoßen des »Hu« ausführen und nur einfach den Lappen wegreißen. Er wird dann feststellen, wie langsam die eigene Reaktion sein kann.
Eine Übung, die man mit dem Partner ausführen kann, besteht darin, daß man ihn schnelle Gesten oder Bewegungen machen läßt und darauf zu reagieren versucht. Später hält man dann das Schlagpolster vor den Partner und läßt ihn danach schlagen. Führt er einen schnellen Schlag aus, reißt man ruckartig mit einem gleichzeitigen »Hu« die Hand mit dem Schlagpolster weg. Es ist kaum zu glauben, aber durch diese Übung kann man Schläge und Tritte um einiges beschleunigen.

Für Körper und Geist

Von B. Lee
192 S., 13 Fotos, 105 Zeichnungen, kartoniert
ISBN: 3-8068-2141-0
DM 29,90

Von B. Lee
104 S., 120 Fotos, kartoniert
ISBN: 3-635-2350-2
DM 19,90

Stand der Preise 1.5.1999 · Änderungen vorbehalten

FALKEN

Für Körper und Geist

Von K. Gil
152 S., 408 Abbildungen, kartoniert
ISBN: 3-635-0347-1
DM 19,90

Von K. Gil, K. Chul-Hwan
176 S., 439 Fotos, 107 Zeichnungen, kartoniert
ISBN: 3-635-0890-2
DM 19,90

FALKEN

Stand der Preise 1.5.1999 · Änderungen vorbehalten